文
化
半

PUHUA BOOKS

我
们
一
起
解
决
问
题

5

小时 吃透

小红书（商业版）

厦九九 著

人民邮电出版社

北京

图书在版编目（CIP）数据

5小时吃透小红书：商业版 / 厦九九著. -- 北京：人民邮电出版社，2024.3
ISBN 978-7-115-63682-9

Ⅰ．①5… Ⅱ．①厦… Ⅲ．①网络营销 Ⅳ．①F713.365.2

中国国家版本馆CIP数据核字(2024)第032442号

内 容 提 要

2023 年，小红书推出了一系列加速商业化的动作，如整合电商与直播业务、推出买手电商、布局本地生活服务等，创造了大量商业变现的机会。那么，有志于在小红书上获得变现的读者怎样才能抓住这些机会呢？这就是本书的价值所在。

本书聚焦于小红书的流量增长与商业变现，从流量洼地、流量获取、流量运营、流量变现、流量投放 5 个方面展开，为读者解读了小红书的商业价值、在小红书获取和运营流量的方法、变现的路径、营销投放和"种草"的策略。同时，本书还提供了大量精彩的实战案例，读者可以从中获得启发，找到运营好小红书账号、进行商业变现的方法。总之，本书对小红书商业化做出了系统、翔实的讲解，能够为读者提供有效的、切实可行的指导。

本书适合在小红书开展商业活动的商家、个体创业者、品牌推广及企业营销人员阅读，也可以作为新媒体从业者、培训机构学员的参考用书。

◆ 著　　　　厦九九
　　责任编辑　张国才
　　责任印制　彭志环
◆ 人民邮电出版社出版发行　　北京市丰台区成寿寺路 11 号
　　邮编 100164　　电子邮件 315@ptpress.com.cn
　　网址 https://www.ptpress.com.cn
　　北京瑞禾彩色印刷有限公司印刷
◆ 开本：880×1230　1/32
　　印张：10.875　　　　　　　2024 年 3 月第 1 版
　　字数：250 千字　　　　　　2024 年 8 月北京第 4 次印刷

定　价：69.80 元
读者服务热线：（010）81055656　印装质量热线：（010）81055316
反盗版热线：（010）81055315

广告经营许可证：京东市监广登字 20170147 号

自 序

你好，我是厦九九，一名"90后"连续创业者，曾在世界500强企业、上市公司从事了8年的营销策划和品牌运营工作，因为在业余时间做自媒体找到了自己真正热爱的事业，便辞职创业，至今已5年。我从2016年开始做自媒体账号，连续8年跨平台、跨周期创作，受到了全网百万粉丝的关注，其中小红书粉丝45万个；从2019年开始打造个人IP[①]，进行商业变现，连续5年营收实现150%的增长。

得益于这样的经历，创业后的我成了一名新媒体商业顾问和"陪跑"教练。过去3年，我和团队孵化了100多位价值百万元甚至千万元的IP，帮助他们累计变现超过1亿元。其中不乏月变现上百万元的创业者和超级个体：有自由职业者从一线销售岗位转型做知识付费，实现年入百万元；有教培行业创始人从零开始

---

① IP直译为"知识产权"，该词在互联网界已经引申出很多含义，如本书中提到的IP多指品牌。

1

打造细分垂类的创始人 IP，靠线上获客成交新项目实现月入百万元；还有三四线城市的实体店主从经营困难到线上引流卖货，实现月入 26 万元。

回顾自己过去 8 年的成长，我从一个普通的小白领成为新媒体创业者，多亏了自媒体这个杠杆。

26 岁（2016 年）时，工作 4 年的我遭遇职业迷茫期，开始在公众号、头条号等自媒体上写作，记录自己的工作、学习和成长。后来，我写出了多篇阅读量达到千万人次的爆文，被众多知名媒体转载，并且有些文章还登上了微博热搜。

29 岁（2019 年）时，我因为坚持写作，出版了第一本书《撑过去，你终将成为更好的自己》。也是在那一年，第二个孩子的突然降临，加上职业危机，推动我迈出重要的一步：靠自媒体副业变现，第一个月就收入过万元。

30 岁（2020 年）时，我辞职创业，靠"内容 + 知识付费"年入百万元；我创办的 MCN（多频道网络）机构被评为今日头条职场领域最具实力机构，矩阵账号数量达到 1000 多个。

31 岁（2021 年）时，我从图文创作者转型为短视频博主，在小红书快速起号，半年获得 24 万粉丝，探索期也实现收入翻倍；同时启动企业培训和新媒体营销业务，服务过的客户有字节跳动、阿里巴巴、百度、十点读书、鸿星尔克、厦门钨业、厦门贸促会等；我创办的 MCN 机构先后被评为百度优秀合作机构、度星选十大 MCN 机构。

32 岁（2022 年）时，我全力聚焦小红书做短视频博主，吸引了全网百万粉丝关注；创作出版了《5 小时吃透小红书》，上市 1 个月销量过万本，连续 30 天稳居新书热卖榜管理类第 1 名；同时成功打造了小红书和视频号百万 GMV（商品交易总额）直播间，实现日入百万元。

33 岁（2023 年）时，我接连创作出版了《爆款文案变现：写出高能文案的 28 节课》和《秒懂费曼学习法（漫画版）》两本书，并且凭借《5 小时吃透小红书》的持续热销被评为第 9 届当当影响力作家。这一年，我和团队连续 7 次进行私域发售，GMV 均突破了百万元；升级了小红书"陪跑"服务，主打专注商业变现的私塾，帮助超级个体、创始人和企业打通"流量—产品—运营"的商业闭环，实现全域营销。

也是这一年，我一边"陪跑"创业者在小红书创造商业结果，一边把经验和打法写到下一本新书里。没错，就是你看到的这本。当你打开这本书时，我的履历上又新增了一条：创作出版第 5 本书《5 小时吃透小红书（商业版）》。

写作本书的背景

2021 年，在研究了小红书 3 个月后，我决定全身心投入做小红书账号"厦九九"。经过半年的高频更新，我把这个账号做到了 24 万粉丝。高峰期单月最高涨粉 6 万个，单条视频涨粉 2 万多个。这个账号为我带来了数百万元的收益，也帮助我的公司成功转型。于是，我在 2022 年 8 月出版了《5 小时吃透小红书》，约 10 万人购买并从中受益，至今依然热销。

从 2021 年底至今，我把自己做小红书进行商业变现的经验总结成课，不断迭代，累计"陪跑"5000 多人，帮助他们创造不同程度的商业变现。有人获得几万、十几万甚至 20 多万粉丝；有人打通公域、私域，并持续在小红书获客；还有各行各业的创始人通过小红书打造个人 IP，使企业从濒临倒闭到涅槃重生，最高一年变现突破 1000 万元。

现在，我把这一路走来实打实的一手经验和"陪跑"5000 多人的心得浓缩成了《5 小时吃透小红书（商业版）》。这是继《5 小时吃透小红书》之后聚焦小红书商业变现的一本实战手册，全书分为流量洼地、流量获取、流量运营、流量变现、流量投放 5 大模块，以流量增长与变现为主线，囊括了小红书运营与变现涉及的方方面面。无论你是企业主、品牌创始人、商家，还是个体创业者、自由职业者、自媒体运营人员、职场人士，只要你是以商业变现为目的，想要长期运营小红书，本书都能帮助你用最高效的方法和最短的路径去实现。

自媒体是成本最低的杠杆

作为一名没有团队、没有资源的素人，我白手起家创业 5 年，一路发展都很顺利。从在小区咖啡馆里云上办公到成为一家有情怀、有使命的新媒体公司，从 1 个人发展到 60 多人，从营收百万元到千万元，线上线下累计培训学员 3 万人，这一切都得益于我借助了自媒体这个杠杆。

从公众号、今日头条、百度百家号到如今的小红书、视频号、抖音、快手、知乎、B 站等全平台创作，从图文创作到短视频创作，从网络"小透明"到成为百万粉丝博主和第 9 届当当影响力作家，这 8 年来我创作的每一篇内容都在持续为我创造价值，最终沉淀为我的无形资产[①]，也叫个人品牌资产。自媒体账号就是我们的网络分身，自媒体上的每一篇内容都是我们与他人的一个连接点，不眠不休地在线上帮助我们与更多的人、更大的世界建立联系。

硅谷最成功、最受尊重的天使投资人之一纳瓦尔·拉威康特在《纳瓦尔宝典》中说：现代人的二分法不是穷人和富人、蓝领和白领，而是"利用了杠杆的人"和"没有利用杠杆的人"。只有充分利用了杠杆的人，才能够快速发家致富；只有最大限度地利用杠杆效应的企业，才能快速扩大财富的规模。

现代社会中，人们可以动用的杠杆有三种：劳动力杠杆、资本杠杆和复制边际成本为零的产品。

劳动力杠杆就是让别人给你打工。作为创业者或企业管理者，这是最古老的杠杆。随着 ChatGPT 等大语言模型和 AI 技术的广泛应用，这个杠杆的效应会越来越低。

---

① 指个人品牌和影响力。

资本杠杆就是用钱扩大决策的影响力。动用资本杠杆有门槛，也需要一定的技能，不是所有人或企业都有条件和能力动用资本杠杆。

复制边际成本为零的产品，包括图书、短视频、自媒体内容、代码。这是三种杠杆中唯一不需要他人许可就能使用的杠杆。

要使用劳动力杠杆就得有人追随你，要使用资本杠杆就得有人给你提供资金，而写书、拍短视频、写文章、录播客、发小红书笔记、做自媒体账号这些事情不需要经过任何人的许可。通过互联网，个人和企业都可以借此[1]放大自己的影响力，创造更多的价值与财富。

按照纳瓦尔对财富的定义，财富是在你休息时仍能为你赚钱的资产。自媒体布局好了，搭建好完善的商业闭环，也会成为在你休息时仍能为你赚钱的"财富"。所以，在如今这个时代，自媒体意味着什么？意味着流量和商业变现。

生意的本质是流量

商业的本质是价值交换，而生意的本质是流量。在如今我国的网民数量已经超过 10 亿人的互联网时代，想要生意好，必须

---

[1] 指边际成本为零的产品。

搞流量。

$$销售额 = 流量 \times 转化率 \times 客单价 \times 复购率$$

在转化率、客单价、复购率基本稳定的情况下，流量越大，销售额就越高。当整个市场的产品过剩、一个行业从暴利时期进入微利时期时，在品牌势能和运营能力都差不多的情况下，得用户者才能得天下，流量成为衡量生意成功的一个关键因素。

流量是指商家所触达的潜在意向用户数量，也可以理解为客流量。市面上获取流量的方式无非以下三种。

第一，自己做自媒体账号，获得免费的流量，也就是通过优质内容曝光吸引潜在顾客。很多企业和品牌都开始自己做账号，自己开店铺做直播，有自己的新媒体和直播团队。

第二，花钱买流量，在自媒体平台做投放；或者付费跟一些渠道、平台合作，导流客户。但随着流量越来越贵，企业和品牌面临流量成本越来越高、利润越来越微薄的难题。

第三，线下自然客流量。例如，在人流量还不错的市中心或商场开一家店，路过的人或老客户主动上门。但是，如今人们的消费习惯发生了重大改变，线下流量已大不如前。

对比三种流量获取方式，后两者都比较被动，第一种会更有主动权。这些年，无论是个人，还是企业、组织，能逆势增长的往往都有一个共同点：自身能运营自媒体账号带来源源不断的流量，拥有自主获取流量的能力；高度重视新媒体营销，持续在自媒体和社交媒体上营销自己，或者通过对产品和品牌进行"种草"，最终打通线上和线下、公域和私域，形成持续的流量。

传统企业往往把重心放在研究怎么做产品和服务上，到头来却很难找到客户。而移动互联网时代做生意的逻辑是先有人，后有货。左手产品，右手流量，两者缺一不可。

总之，在竞争激烈的市场中，无论是个人，还是企业，要想实现更大的业绩增长，就势必要利用自媒体，高效地将自己的产品和服务传播出去，不断提高自身的知名度和影响力，被更多潜在顾客认识、认知、认同，最后才能认购。

目前适合商业变现的主流自媒体平台有三个：抖音、微信视频号、小红书。抖音的商业化非常成熟，门槛较高，需要团队和资金的投入。微信视频号是三个平台中最年轻的，商业化也还在探索期，比较依托私域的运营，新手需要耐得住寂寞。而这两年小红书正在快速推进商业化进程，已经完成店铺、直播、群聊等电商闭环和企业营销推广、获客工具等基础建设，并且投入了千亿流量扶持商家和博主进行商业变现。2024年，小红书更是与央视春晚合作《大家的春晚》，平台势能正旺。选择大于努力，如果你错过了公众号，又错过了抖音，就别再错过小红书了！本书会成为你的小红书商业化指南和百科全书，一起开启这场奇妙的变现之旅吧！

目 录

第 1 章

流量洼地：
跑步入局小红书

商业的底层逻辑很简单，就是去人多的地方做生意。流量在哪里，生意就在哪里。截至 2023 年 6 月，我国网民规模近 10.8 亿人，短视频用户规模超 10 亿人。10 年前，我们在淘宝买东西；5 年前，我们在朋友圈买东西；现在，我们在自媒体平台和直播间买东西。内容电商、直播电商、兴趣电商的崛起已经改变了人们的消费习惯，且不可逆。

线下布局线上，私域布局公域，这已经是常识了。所以，不是你要不要做，而是不得不做、做 60 分还是 80 分的问题。

过去 10 年，随着互联网的发展和网民数量的增长，各大自媒体平台都不缺流量。但 10 年后的今天，随着网民数量增长见顶，各大自媒体平台都在争夺用户的注意力，流量越来越贵。

群邑"山海今"的数据显示，近 3 年流量成本增加了 57%。对于那些依赖流量采买和营销广告的品牌、商家来说，生意不好做了。随着获客成本越来越高，企业的收益越来越薄，同时陷入了"不花钱买流量就没有销量"的困境。而没有资金购买流量的企业要想生存更是举步维艰。

相反，那些懂得搭建自己的自媒体渠道、愿意投入内容创作，懂得围绕创始人或品牌、产品进行"种草"，靠内容获取免费流量的企业和个人依然过得很好，并且逆势增长。他们往往懂得审时度势，找到当下的流量洼地，并快速入局，抓住趋势乘势而起，从而"吃"到平台发展的红利。自媒体平台众多，选择何时做何种平台至关重要。选错平台、错过时机，都会让你的付出得不到相应的回报。

　　我从事自媒体行业已 8 年，跨平台、跨周期运营账号，见证了不同自媒体平台的发展周期，也抓住了多个平台的红利期。如今，我专注于小红书运营，也是看到了它的巨大潜力。可以说，小红书十年磨一剑，商业化方兴未艾，无论是品牌"种草"、直播电商、引流获客，还是做买手带货、知识付费，都有巨大的发展空间。因此，小红书是品牌、商家、中小企业及个体获取公域流量的必争之地。

　　本章将带你真正认识小红书平台特点、机会红利和流量来源，了解小红书的生态构成，以及小红书流量获取与变现的底层逻辑。

1.1　真正认识小红书，把握商业化红利

　　小红书本质上是生活分享社区和内容电商的结合体，是年轻人的生活方式平台和消费决策入口。过去 10 年，小红书的口号随着定位的调整而不断演化，如图 1-1 所示。2022 年，小红书的口号从"标记我的生活"更换成"你的生活指南"，打出"2 亿人的生活经验都在小红书"的宣传语。这一方面强化了小红书"生活方式平台"的定位，另一方面也更加强调了小红书"有用"的属性，旨在做大众的生活指南和百科全书。

找到国外的好东西

全世界的好东西

全世界的好生活

标记我的生活

你的生活指南

图 1-1　小红书口号的演变历程

自 2023 年以来，小红书的商业化进程明显加快，对各类品牌、商家和博主的扶持政策层出不穷，催生了很多新机遇。如果个人和企业能发挥自身所长，结合自身产品和服务，搭上小红书商业化这趟飞速前进的列车，就能顺势而上，实现商业变现。

1.1.1　小红书的三大特质

想运营好小红书，实现商业变现，就要了解小红书平台最典型的特点，尤其是与商业密切相关的部分。我总结了新手必知的三大特质。

第一，小红书有众多优质用户，商业价值大。

小红书的用户群体以一二线城市的"90 后"女性为主。他们经济独立，精神独立，追求美好的品质生活和时尚潮流；他们有观点、有态度，注重享受和体验；他们爱尝鲜、爱生活、爱分享、有消费力。

截至 2023 年 4 月，小红书的月活跃用户数已超过 2.6 亿。其中，"90 后"年轻群体占 70%，一二线城市用户占 50%，女性用户占 70%，个人月均消费支出 4100 元左右。他们使用小红书的时间长、打开频率高，喜欢深度互动。可见小红书上聚集了一群高素质、高认知、高消费力、高活跃度的优质用户，所以小红书也被称为"女性第一'种草'平台"，成为众多品牌方营销"种草"的首选。

第二，优质内容是小红书永恒的流量密码，内容是其商业化不可撼动的根基。

小红书创始人瞿芳曾在多个场合强调，小红书的定位是"生活方式社区"。社区通过内容实现人与人之间的连接，分享生活的方方面面，包括各种好物、攻略、知识，给用户"种草"。

小红书的独特性就在于内容大多来自真实用户的真实生活。用户的信任感强、黏性高，这是小红书"种草"效果好的重要支撑。

2021 年底，小红书核心创始人毛文超在内部强调："小红书增长来源于社区，交易是社区生活的重要组成部分，因此要将电商放在社区里，用户的消费心智要在社区培养，商家的交易生态也要在社区生产。"由此可见，小红书的根基是内容社区。

为了保持用户增长，小红书就要维护社区氛围，让用户持续创作优质内容，持续吸引新用户并实现留存。但是，小红书要发展，必然离不开商业化。

社区和电商，一个都不能少，但社区内容的优先级显然更高。因为内容始终是小红书非常重视的核心部分，只要商家和内容生产者产出低质量的、不利于社区生态的内容，就会被打入"冷宫"，甚至被整顿。

在小红书，优质的、贴合用户需求的内容，才是真正的流量密码。

第三，小红书自建电商生态闭环，商家、品牌和博主轻松实现"一边'种草'，一边'拔草'"。

对于以海外购起家的小红书而言，电商是刻在其基因里的东西。在小红书创始人瞿芳眼里，广告这种单纯的流量生意并不是小红书的最好归宿，既然已经掌握了距离交易最近的"种草"环节，那么搭建完整的"种草—拔草"商业闭环才能让平台的变现效率最大化。

从 2021 年开始，小红书就在全面搭建自己的电商生态闭环。

首先，小红书推出了号店一体功能，即不管企业还是个人，只要认证专业号[①]，都可以在小红书开店（薯店）卖货、卖课，开店的粉丝数量门槛从原来的 1000 个降为 0 个。

所谓专业号即官方权威认证账号，是参与小红书商业活动的入场券。专业号拥有专属身份标识，有更多营销功能和工具，可

---

① 具体如何认证专业号，请见 2.2.1 节的讲解。

以获得开店卖货、品牌合作、广告投放等各种商业化能力，如图 1-2 所示。

图 1-2　专业号中心界面

后来，小红书上线了笔记带货功能。商家可以在笔记上关联自己商品的橱窗，用户在看笔记时能够通过橱窗直达商品详情页，直接产生交易行为。博主也可以在笔记中关联商家的商品橱窗，只要粉丝数量满 1000 个、账号无违规，就可以在"合作中心—买手合作—笔记选品"里进行选品并关联笔记。

接着，小红书上线了群聊功能。商家、品牌、博主可以创建群聊，维持粉丝黏性，并且可以直接发起群内购，如图 1-3 所示。

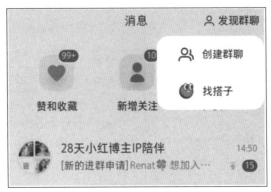

图 1-3　创建群聊

至此，小红书打通了"笔记＋店铺＋直播＋群聊"的站内交易闭环，完成了整个电商生态闭环的基础功能建设，实现了用户从"种草"到一键"拔草"的商业闭环。

2023 年，小红书全面布局直播电商业务，加大直播扶持力度。从打造以董洁为代表的小红书头部标杆直播间，到"Link 电商伙伴周"行业大会提出"买手时代已来"，千亿流量扶持关键意见领袖（KOL）、关键意见消费者（KOC）、中腰部博主、中小品牌和商家共同变现，再到小红书"双十一"电商伙伴动员会推出"亿级平台补贴、百亿流量曝光"扶持商家和博主直播带货、笔记带货，直播氛围和销量都蒸蒸日上。

小红书数据中心显示，与 2022 年 9 月相比，2023 年 9 月小红书平台增势强劲，店铺直播日均场观增长 9 倍，开播买手数量增长 4 倍（直播用户客单价 500 元以上），商品笔记日均购买用户数量增长 4 倍。

小红书官方公布的 2023 年"双十一"数据显示，小红书订单数达到 2022 年同期的 3.8 倍，购买用户数是 2022 年同期的 3.3 倍；参与商家数是 2022 年同期的 4.1 倍，店铺直播 GMV 更是达到了 6.9 倍，店播成为小红书商家稳定增长的新阵地；开播买手数是 2022 年同期的 3.3 倍，买手直播 GMV 是 2022 年同期的 3.5 倍，买手越来越成为小红书商家打开和扩大市场的重要窗口。综合使用商品笔记、买手直播与店铺自播的全链路经营商家案例也不断涌现。

这无疑给了品牌、商家和渴望商业变现的博主强有力的信号。商家、博主此时不做，更待何时？

1.1.2　小红书商业化的五大机会红利

小红书是一个拥有高质量用户群体且商业化空间巨大的流量洼地。越来越多的商家、品牌和个体看到小红书的机会红利，都希望借助小红书平台独特的商业基因实现业绩增长。我结合自己运营小红书的感知，以及给近 5000 位各行各业人士培训、"陪跑"的经验，总结了当前小红书的五大机会红利。

第一，小红书尚处在流量洼地，其商业化处于萌芽期，商家、品牌和个体的变现空间巨大。

流量越来越贵，小红书可能是最后的流量洼地。与其他自媒体或短视频平台相比，小红书的竞争小，商业化刚开始，新手入局依然还有机会空间。小红书去中心化的流量分发逻辑——推荐流量和搜索流量（详见 3.1 节和 3.2 节），对新手很友好。

小红书首席营销官（CMO）之恒在 2023 年 2 月称，目前的小红书商业化仍处于萌芽期。萌芽期才是普通人的发展期！小红书商业化围绕最擅长的"种草"、电商、直播展开。在整个商业化进程中会涌现很多商机，这就是商家、品牌和个体的重大机会。

人人都可以凭借优质内容获取精准流量，直接在小红书平台变现或通过私域变现。博主创作优质内容积攒人气和粉丝，可以通过"种草"广告变现或接单变现（有一技之长，如摄影、化妆），可以通过小红书店铺卖课、卖咨询等服务，也可以靠笔记带货、直播带货，或者通过私域卖课、卖货，实现多重变现。

我"陪跑"的一位客户是刚刚转型到女装领域的"宝妈"，她从 2023 年 10 月中旬开始发笔记，20 多天就凭借 14 篇笔记快速突破千粉，直接变现 3 万多元，获取 200 多个意向客户。可见，只要掌握内容创作技巧和运营方法，中小博主、中小商家、品牌也能获得精准流量，实现高效转化、精准变现。

第二，小红书电商崛起，通过"浏览＋搜索＋店铺＋直播＋群聊"的组合模式无缝衔接，商家可以一站式完成"种草"与销售。

小红书是天然的"种草"平台。尼尔森《小红书媒体价值洞察白皮书》的数据显示，有 80% 以上的用户表示曾在小红书被"种草"。小红书官方数据显示，55% 的用户更倾向于在信息流中浏览"种草"，45% 的用户更喜欢通过搜索辅助决策。从浏览到搜索，小红书在深度影响用户的消费决策。

以前，商家到小红书"种草"，要引流到淘宝等第三方电商平台店铺成交；现在，商家、品牌在小红书可以直接开店铺（薯店），即号店一体，将内容和电商合二为一。商家、品牌发布"种草"笔记时，可以直接关联店铺里对应的商品。粉丝被"种草"后，可以一键"拔草"，实现品牌营销、产品"种草"和销售一体化。商家、品牌还能建群聊，做粉丝运营，开直播售卖商品，大大提高了成交效率。

任何商家、品牌和个体都可以注册一个账号，开一家店铺，自己创作内容，运营账号和店铺，日积月累也能带来不小的转化和销量，实现品牌宣传、"种草"和购买的效果。目前，小红书店铺还没有明显的头部，小红书官方会持续扶持中小店铺成长，这里面就潜藏着大量的机会。

值得一提的是小红书的群聊功能，相当于账号主理人在小红书的私域资产。群聊可以关联到笔记上，让意向用户直接进群。运营好群可以增强粉丝的黏性，进一步促进交流转化。

小红书的电商模式是"浏览＋搜索＋店铺＋直播＋群聊"组合运营。商家、品牌要从营销广告转变为内容"种草"，同时布局关键词提高搜索流量，搭配日常直播、群聊维护，实现宣传、销售两不误。

第三，小红书直播带货方兴未艾，平台支持力度大，是商家、博主直播带货的好时机。

直播是小红书发力电商重点推进的业务，无论从功能还是流量上，平台都给了较大力度的扶持。新增直播的流量入口，从以前只在二级导航的直播广场推荐直播间，到直接在首页信息流里推荐直播间。直播期间，系统还会额外推荐账号的笔记内容，如图 1-4 所示，以吸引更多精准用户进入直播间。

图 1-4　直播额外扶持：笔记曝光

与"3、2、1，上链接"的叫卖式直播不同，小红书的直播间大多安安静静、娓娓道来。小红书也顺势提出了"买手电商"的概念，主打高品质、高价值。从明星入场直播树立标杆直播间，到中腰部 KOL、KOC 带头打样，再到中小博主纷纷加入直播大潮，直播氛围蒸蒸日上。

2023 年的"双十一"，小红书官方更是补贴千万元的红包助力直播，拿出百亿流量激励商家店播、博主带货直播。商家侧根据店铺直播 GMV 进行排位激励，月销越高，流量激励越大。博主侧提供阶梯式流量扶持和平台补贴，推出"买手闪光计划"——综合账号内容品质、带货成交涨势等评选出"闪光买手"，给予流量扶持和专属补贴。这些举措也让小红书成为"双十一"的一匹"黑马"。

第四，小红书推出本地生活团购，加快打通线上"种草"到线下消费的商业闭环，是实体商家不可忽视的流量入口。

2023 年初，小红书开始招募餐饮商家及服务商，开启本地生活团购。目前，仅面向北、上、广、深地区进行内测，只有定向邀约的商家才能入驻。商家入驻后，通过笔记内容"种草"。用户购买团餐，到店消费。用户将真实消费体验分享到小红书进行二次"种草"，吸引更多人购买团餐，真正打通了线上"种草"、线下消费的场景。这对运营小红书的实体商家将是一大机会。

本地生活团购是小红书的一次新尝试，旨在打通本地生活服务从内容"种草"到交易的闭环。小红书的口号是"你的生活指南"。在应用商城里，小红书应用介绍页面，"本地生活指南"更是被单独列为一条，与"种草""明星"等小红书强势内容同级。

无论未来的团购业务发展如何，聪明的实体商家早已注册小红书，持续"种草"吃、喝、玩、乐、购等生活服务，因为小红书已经成为人们习惯性搜索消费场所的新阵地。

第五，小红书是商家、个体低成本获取高价值客户的公域流量池，学会向私域引流，做好私域运营，低粉也能高变现。

小红书坐拥全国最优质、最有消费力的用户群体，无论是面向 B 端客户，还是 C 端客户，都能在小红书找到意向客户。

如果你满足以下任何一种情况，都应该在日常运营账号的过程中有意识地把意向用户引流到微信私域，进行精细化运营与维护，更好地实现转化成交，并提高转化率和复购率。

+ 你的产品和服务客单价相对比较高，很难在店铺直接成交。
+ 你的产品和服务的复购率比较高，可以反复消费。
+ 你所处领域的获客成本比较高。
+ 受平台政策限制，你的产品和服务无法在店铺上架，只能引流到微信进行交易。

虽然小红书平台的社区规则明文禁止站外大量导流，但依然有一些不违反平台规则的方式和方法。第 4 章会具体讲解如何不违规、可持续地将意向客户沉淀到私域，第 5 章讲到的聚光投流也能光明正大地引流获客。

总之，小红书相比其他社交媒体和自媒体平台，无论是商业化进程，还是流量争夺的竞争态势，都处于洼地。而且，小红书的用户群体质量高、商业化空间大，是商家、品牌和个体的必争之地。

1.1.3 小红书账号的四大流量来源

小红书账号的流量主要有四大来源，分别是推荐流量、搜索流量、直播流量和付费流量。

推荐流量

推荐流量也就是笔记发布后系统分发带来的流量。任何一篇通过审核的笔记都会被推荐到首页，以双列信息流的形式被用户浏览、点击。

一个账号想被更多人看见，一个商品想被更多人点击，一家店铺想被更多人浏览，就要创作优质内容，靠系统分发内容带来推荐流量，从而带动账号和店铺的流量，增加曝光和转化率。

图 1-5 是我的账号在某一时期近 30 天的观众来源分析。其中，通过首页推荐观看的观众占 49%，通过关注页面观看的观众（即粉丝）占 23%，通过浏览个人主页点击观看笔记的观众占 13%，而这部分观众

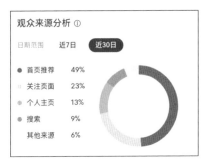

图 1-5　观众来源分析

往往也是因为在首页推荐里看到感兴趣的笔记，进而跳转主页观看。可见，一个还没什么粉丝量的新账号的流量，绝大部分都来自推荐流量。

如果没有内容带来的推荐流量，直播、店铺的流量都很难被带动。从这个意义来说，无论是个人，还是商家、品牌，但凡有条件和精力，一定要自己做账号、做内容获取免费的推荐流量。第 2 章会详细讲解如何打造优质内容获取免费流量。

搜索流量

在小红书发布笔记后带来的自然流量里，除了首页推荐流

量，还有一部分非常可观的流量来自用户的主动搜索。用户通过关键词搜索并浏览了相关内容，这叫搜索流量。之所以几个月前，甚至一年、两年前发布的笔记仍然还有人点赞、收藏、评论，就是因为用户通过搜索观看了历史笔记。

小红书是年轻人的"百科全书"。2023 年初小红书官方数据显示，60% 的日活用户每天都会在小红书上主动搜索，日均搜索查询量近 3 亿次，日均求购评论数 300 万条，日均求购用户数 4000 万，搜索已经成为小红书用户最高频的使用行为之一。

在我的账号某一时期近 30 日新增粉丝来源里，有 35% 以上是来自搜索笔记（见图 1-6），这个占比相当可观。通过搜索来的用户很精准，整体都很优质，那么转粉率、成交率都会更高。

图 1-6　我的账号近 30 日新增粉丝来源

用户在小红书搜索某个关键词时，谁布局了这个关键词，谁在这个关键词下沉淀的内容多，谁的内容更优质、更有热度，用户就会优先看到谁。意思就是，如果你不在小红书布局，而你的竞争对手布局了，慢慢地线上用户就会跑到你的竞争对手那里。如果你想抓住线上用户做增长，一定要跑步入局小红书，将其作为流量入口。第 3 章会详细讲述如何提升搜索流量。

直播流量

直播流量就是通过直播获得的流量。小红书直播自 2019 年 6 月就开始内测，到 2020 年 4 月正式上线，切入了直播带货，只不过一直比较克制，这也造成了其直播业务不温不火。

2023 年是小红书直播业务开始崭露头角的一年。年初有董洁开直播，后来有杨天真、张静初、伊能静等明星或 KOL 纷纷入局直播带货。总之，新人开播有流量扶持，老人直播达到一定的 GMV 也会有流量扶持。

随着小红书社区内容与交易的深度融合，平台直播入口也有所增加。以前小红书对直播带货很克制，只有用户点进博主的主页才能发现。在本书截稿时，关注页、个人主页、首页推荐信息流、直播广场都有直播入口。

如何获得更多直播流量，如何让直播带货的 GMV 更好呢？我会在本书第 4 章详细讲述。

付费流量

付费流量就是流量需求方（企业或个人）通过给小红书平台付费获得的流量。在小红书付费购买流量的方式主要包括薯条投放、店铺推广、蒲公英合作（包括内容合作、商品合作和直播合作），以及聚光平台营销推广等。

不同主体花钱买流量的方式有所不同。如果你是个人且开通了专业号，可以选择薯条推广；如果你开通了店铺，可以进行店铺推广；如果你是企业，可以享受更多营销推广，比如在蒲公英发起合作招募博主、在聚光平台做投放等。具体该如何科学、有效地投流，我会在第 5 章详细讲解。

总之，想要持续获得源源不断的流量，不能寄希望于任何单一流量来源。只有全面了解小红书流量来源，同时经营好多个流量来源，才能真正做到细水长流，持续发展。

1.2　了解小红书的生态构成，找准角色位置

经常有客户问我："我适合做小红书吗？"要判断自己适不适合做小红书，首先需要对小红书的生态构成有全面的了解。只有认清自己在整个生态中扮演何种角色、处在什么位置，与平台生态中其他组成部分是什么关系，才能站在更高的维度理解一些政策导向，并且知道如何跟其他重要组成部分实现共赢。下面，我总结了什么样的个人或商家做小红书更容易成功，希望能帮助你做出判断。

1.2.1　小红书的生态构成

在小红书的生态里，除了最庞大的用户，还有几个重要组成部分，分别是小红书平台方（小红书官方）、MCN 机构（专业博主孵化机构或商业化运作机构）、博主（专业或业余，背后也可以有品牌或企业）、商家或品牌方（包括企业、组织、个体户，

统称商家），以及广告公司（很多 PR 都是广告公司，也就是帮助商家或品牌对接博主资源和广告执行的中间商）。

小红书平台方希望整个生态呈良性发展：用户不断增长，优质博主和商家数量不断增加，平台营收也随之增长；MCN 机构希望通过小红书展示自身的实力，吸纳更多有潜力的博主加入；博主希望分享的内容受欢迎，实现涨粉和多元变现；商家希望在小红书高效"种草"，同时邀请 KOL、KOC 和广大素人"种草"商品实现曝光，目的是吸引潜在意向用户的关注和消费，卖出更多的产品；广告公司相当于商家投放的中间商，他们在小红书一方面发掘有影响力或性价比高的博主和 MCN 机构，另一方面也希望被更多商家看见，进而主动找上门来达成合作。

其中迫切需要做内容并运营好小红书账号的，主要是博主和商家。博主做内容是商业变现的必备载体，而商家做内容是为了获取流量并转化为销量，同时低成本获客。

如果你是 MCN 机构、博主、商家，或广告公司管理者、员工，都值得躬身入局做小红书。因为做账号的目的和用意不同，所以做账号的运营思路和运营方式也不同。但核心都是通过自媒体获得更多流量、资源和机会，通过连接、整合实现直接或间接的商业变现。

1.2.2　什么样的人适合做小红书

博主是小红书生态里最庞大的群体，也是最重要的群体。博主既是用户，也是内容创作者，是小红书内容社区的最大贡献者。如果你想做小红书，实现个人商业价值，成为自由职业者或超级个体，但又不确定自己适不适合，根据我自己多年实践的经验，以及观察上万名博主总结的规律，我发现以下三类人成功的概率更大。

第一，有一技之长或有一些闪光点的人。

能运营好小红书的人，往往都是在生活中有一技之长或身上有闪光点的人。因为有一技之长就能持续给粉丝提供垂类价值，有闪光点就能天然地吸引人关注。试想，我们也不太可能关注一个比自己还普通且不能给自己提供价值和获得感的人吧？如果你能找到自己可以提供的价值，第 2 章会告诉你一些认识自己、梳理优势和价值的方法。

第二，善于总结、记录，并且喜欢分享的人。

小红书的内容注重实用，很多内容都是经验类的总结，比如攻略、指南、干货、清单等都很受欢迎。所以，一个善于总结归纳的人往往也能做好小红书。如果你喜欢把平时解决问题的经验总结起来，将其形成通俗易懂的知识分享给别人，那么你就有做好博主的天然优势。

第三，有好奇心、学习力强，并且想变现的人。

小红书博主是一个需要快速学习、快速适应，并且需要多重能力的职业，如审美、摄影、营销、调研、文案、剪辑等。同时，自媒体行业的变化很快，如果没有好奇心和强大的学习能力，你就很难跟上整个市场的节奏。

而我们做小红书的内驱力来自于哪里呢？除了内容被认可时带来的成就感和满足感，还有现实层面的需求。所以，如果你是一个有好奇心、学习能力强，又有变现需求的人，按照本书讲述的方法行动，你成功的概率就会大大增加。

1.2.3 什么样的商家适合做小红书

如果你是创业者，有企业、品牌、实体店或产品，想要增加线上流量入口，就可以在小红书发布优质内容和"种草"笔记，对产品和服务进行宣传，从而实现低成本销售与获客。

小红书像一本实时更新的"生活手册"，无时无刻不在影响用户的消费决策，这种根植于社区、抗周期性较强的模式"馋哭了"抖音、微信和淘宝。后三者纷纷效仿试水，但都无法复制小红书的基因。

在小红书"内容＋社交""KOL+KOC"的双重"种草"驱动下，用户购买转化会远高于行业均值，买家复购率也高于行业均值。

"万物皆可在小红书种草"已经植入用户和商家的心智。2023 年初，小红书已经汇聚了全球 200 多个国家和地区的 17.3 万个品牌，越来越多的国内商家纷纷入驻小红书。而小红书也在大力推进商业化，一直在为商家提供营销服务。

那么，如何判断自己的企业业务适不适合来小红书做营销呢？我总结了以下两个判断标准。

第一，目标客群是否匹配。

企业面向的客户人群与小红书用户群体是否匹配。小红书的用户以 35 岁以下的年轻女性为主，主要集中在一二线城市、"新一线"城市。她们拥有高学历、高认知、高消费力，追求高品质生活。如果你的用户群体和小红书主要用户群体高度一致，就要果断入驻小红书。

第二，是否有内容生产能力。

小红书是一个分享生活经验、汇聚美好生活方式的平台。商家只注册一个账号发产品介绍是不行的，还要发布符合社区特性的内容。只有这样，才能真正吸引潜在用户，在做付费流量时才有优质内容可投放，在找博主"种草"时企业自营账号还可以联动。

很多商家不懂怎么做内容，盲目找代运营，或者完全交给员工做，自己不管不问，最后往往做不起来。只有把做小红书上升到战略层面，并且匹配相应的资源，才能真正做好。不会做内容，就从头开始学习；不会运营账号，就从现在开始系统学习。这也是本书存在的意义。

1.3 刷新认知，解锁小红书持续变现的法则

很多商家、博主做小红书是有认知误区的。有些商家只找博主"种草"，自己基本不做账号，浪费了很多原本可以承接的流

量；有些博主盲目追求涨粉数和赞藏数，陷入数据焦虑，且商业模式单一、收入不稳定。如果你想在小红书进行商业变现，我总结了新手入局最应该知道的四个认知，可以让你一开始就抓住本质，少走很多弯路。

1.3.1　只有流量自生产、自运营，才有主动权

越是流量贵、获客难时，越要自己做账号、产内容。乍看有点反常识，实际上自己会做内容就等于降本增效，省钱。另外，生意的本质是流量，流量在谁手里，谁就说了算。而流量即内容，会做内容，会运营账号，就等于掌握了流量的主动权。

自己能生产流量、运营流量，才是最大的底气。商家自己做账号、做内容营销，自己"种草"，自己"拔草"，会是接下来的主旋律。付费流量也要有内容的加持。几乎所有成熟品牌在做营销推广和邀请 KOL、达人"种草"前都会建立自己的专业号，发布相关内容，和 KOL、话题、活动形成联动效应，直接承接流量，完成交易闭环。

在"陪跑"了 1000 多家企业客户后，我发现很多商家会把展示商品当作内容。在真正的内容创作者眼里，这其实是广告。在平台眼里也是一样。这样的笔记很难被推荐到首页，获得流量。

最低成本获取流量的方式就是自己会做内容，会"种草"。小红书作为天然的"种草"平台，学会内容运营与"种草"逻辑，

就是获取免费流量、降本增效、助力增长的捷径。

1.3.2 小而美的账号也能高转化、高变现

我认为，追求大流量、大爆款的时代已经结束了，几乎所有自媒体平台都从前期的爆发式增长进入缓慢增长或趋于稳定的中后期阶段。随着其他平台专业博主和机构纷纷入局小红书，未来新人想要快速崛起成为大博主的机会越来越少。所以，未来想短时间成为大博主，靠命；但成为能赚钱的中小博主，靠方法和努力就能够实现。

追求精准流量，获取精准用户，实现高转化、高变现才是普通人的破局之道。做一个小而美的垂类账号，清楚自己的目标人群，前端做他们关心的、在乎的、需要的内容，后端有自己的产品和服务，就能形成自己的商业闭环。这样的账号可以没有大流量、大爆款，但吸引来的人都很精准，只要把产品设计好，把运营做到位，变现能力就会非常强。

我有一位做中医养生产品的私塾学员，通过在小红书分享自己养生的日常和保养经验，顺带"种草"产品，引流来的客户成交效率很高，并且多次复购，平均消费都在 1 万元以上。

我还有一位私塾学员是婚礼策划师，在只有 100 多个粉丝时就引流了 97 个意向客户，变现 3 万多元。目前，她的粉丝不到 500 个，就已经变现 160 万元，其中有一个 100 万元的订单就来自小红书的搜索流量。

如果你做小红书是有商业目的的，那么你的重点工作不是涨粉和获得泛流量，而是获客，是连接高意向的精准用户。所以，真正做商业的人不会盲目地为了追求流量而做泛内容，他们更倾向于做一个小而美的账号，持续运营精准流量，从公域引流到私域，打通公域到私域的流量闭环；在私域多次触达客户，实现多次复购，或者从低客单价的产品和服务转化到高客单价的产品和服务，打通整个商业闭环。

1.3.3　公域自媒体的尽头是私域

所有公域自媒体平台的粉丝都不是你真正意义上拥有的粉丝，万一某天平台政策变化，或者不小心账号被封，这些粉丝都不属于你，你也无法随心所欲地多次触达这些人。只有私域才是你可以反复触达的流量池。

所以，要把流量变留量，就要把公域流量留存到私域这件事当作一项日常工作来做。反过来，所有能把私域增长做好的人都应开辟自己的公域流量池。因为没有公域源源不断的流量输入，私域流量也无法持续。我经常跟学员说：公域是底气，私域是底线，一个都不能少。

做商业需要获客，但也要在平台规则下取之有道，既不让用户觉得被打扰，也不违反平台规则，一定要遵循三方共赢共生的逻辑。如果为了引流获客，损害平台和用户的利益，就会成为平台重点打压的对象。每隔一段时间，平台都会整顿一批成天发商品图片、发低差广告、私发引流信息的账号。这类劣质内容不但吸引不来优质客户，还会导致账号被认定为营销号，甚至被限流、封号。

要想实现高转化、高变现，就要打通公域到私域之间的"最后一公里"。如何不违规、精准、高效地获客呢？这就要用到小红书平台已经提供给用户的工具，包括店铺、私信、群聊等。我们在实践中也探索了多种不违规的引流方式，详细内容请见第4章。

1.3.4 与平台共生才能持续发展

在小红书的生态里，无论是博主、MCN 机构，还是商家、品牌，又或者广告公司，大家作为借助平台发展的某个角色，只有与平台、用户三方和谐共生，才能形成良性的可持续发展。在这个生态里，每个角色之间都是共生的关系。

任何一个能良性运行的生态，都有一些生态成员共同遵循的游戏规则。商家和博主只有熟悉平台规则，不踩平台红线，了解平台导向和发展趋势，顺应平台发展，才能真正做到与平台共生、共荣。小红书有明确的社区公约，其宗旨就是真诚分享、友好互动、客观中立。我总结了新手最容易违规的情况，提炼了以下几点核心规则。

第一，分享真实的内容。博主如果收到商家提供的赞助和便利，须申明利益关系。如果没有申明，就容易被平台提醒违规或限流。

第二，分享经过科学论证的内容，尤其在健康领域和商业宣传上谨防未经证实或夸张的内容。非专业人士要谨慎分享医疗和投资建议。

若想在小红书上进行交易，需要通过专业号认证，用清晰明确的身份在社区内经营，这样能降低信任成本、减少交易摩擦。其中有一条非常重要："请将你用心创造的商品或服务，通过内容分享给社区用户。"核心就是把"晒产品"的思维变成"内容分享"的思维，低质、粗糙、过度夸张的笔记会被打压。

第三，不断累计的内容可以塑造更好的商家和品牌形象，也能更好地在社区持续曝光，所以持续更新内容尤为重要。

第四，尽量在平台内完成交易。不要在个人页、评论、私信等场景把交易引导到站外。另外，小红书有明文规定，禁止站外大量导流。这点一定要引起重视，轻则违规，重则禁言限流，严重者封号。但在平台规则允许的范围内，必要的引流依然是可行的，具体的引流方法请见第 4 章。

现在做自媒体，内容一定要与商业结合。流量越来越贵，用户对内容的质量要求越来越高。如果辛苦创作的内容不能创造商业价值或创造的价值太低，这件事就无法持续。内容和商业的结合是行业发展趋势，更是个体和商家寻求发展的必经之路。

近两年来，小红书的商业化进程明显加快。任何主体都可以在小红书实现商业闭环，打通"流量—产品—变现"的闭环。

在明确商业模式、形成商业闭环后，好内容能够让商业更加深入人心。内容和商业并不存在对立和矛盾，就像博主在分享优质内容时"种草"了某个产品，用户并不会觉得反感，反而会感谢博主的分享，顺便也买一个。

无论你是正在找客户的企业，还是正在找用户的个体创业者，在茫茫互联网上不知道他们在哪里，但是大数据知道、算法知道，只要你创作出目标人群感兴趣的优质内容，系统就会分发给他们。你创作的每一篇笔记内容都像自己的业务员，每一个小眼睛都代表一个接过传单的潜在客户。对于懂得线上获客、拥抱线上营销的人，这依然是一个好时代。

第 2 章

流量获取：
从 0 到 1 打造小红书优质账号

无论是商家，还是个人，要想在小红书商业化红利中分到一杯羹，都要学会自己做内容、做账号。小红书免费的自然流量（推荐流量和搜索流量）主要来自账号的笔记内容，直播流量、付费流量也都离不开优质内容的加持。内容是小红书社区不可撼动的根基，是一切流量获取的根本载体，也是小红书商业变现的基石。

做好账号内容才是 1，其他都是后面的 0。那么，如何从 0 到 1 做一个优质的小红书账号呢？任何行业，任何主体，都需要历经四个步骤：账号定位、账号搭建、内容生产、内容发布。本章就按照这四个步骤，手把手教你从零开始做小红书。

2.1 账号定位：不同类型账号的定位策略

营销领域有一本经典著作——杰克·特劳特的《定位：争夺用户心智的战争》，书中讲到定位的本质是针对竞争对手，在用户心智中建立优势位置，从而获得用户的优先选择。

小红书上同一领域的账号层出不穷，如何让用户关注我们、选择我们，而不是其他人呢？基于这样的逻辑，定位的核心就是回答以下问题：

◆ 我做这个账号的目的是什么？我如何进行商业变现？我的领域是什么？我的竞争对手是谁？

✦ 为了实现我的目的，我能为哪些人提供什么价值？我用哪些内容和形式提供这个价值？

✦ 我跟别人有何不同？

基于这些问题，我总结了账号定位的"五定"法则：定商业路径、定内容方向、定账号类型、定内容形式、定记忆点。要完成这"五定"，就要对我们的独特优势、资源和特点进行提炼、放大，最终打造出差异化的账号，尽力做到"人无我有、人有我优、人优我特"。

2.1.1　定商业路径

终局想不清楚，过程就会很痛苦。一切以商业变现为目的的账号，首先要思考的就是商业路径有没有跑通，账号的变现方式是否清晰。这里分两种情况讨论：一种是有成熟业务或产品的；另一种是还没有业务的。

（1）有成熟业务或产品的

如果你已经有成熟的业务形态和产品、服务，只需要明确做小红书的意图和期望实现的目标，以终为始，倒推在小红书如何进行商业变现。以我自己为例，我的主营业务是小红书培训与"陪跑"，我的目标人群就是想通过小红书获客、变现、提升业绩、转型线上的创始人、商家和个体。

首先明确意图和目的：你做小红书是为了"种草"，扩大知名度和搜索流量，还是为了直接销售产品，又或者是引流到私域实现成交和复购？

大部分人都是为了卖产品或服务，那就用现有的业务倒推与之对应的目标用户。他们是一群怎样的人？是 B 端，还是 C 端？是面向普通客户做零售，还是招代理或赋能同行？目标人群不同，目的、意图不同，账号的变现路径就会不同，账号的内容规划和运营思路也会不同。

例如，我"陪跑"的一位学员做了 15 年实体珠宝店，她做小红书的目的就是线上获客、卖珠宝。要实现这个目标，就要吸引对珠宝饰品感兴趣的意向用户。那么，她做哪些内容可以吸引这类用户呢？

鉴于她的珠宝品类很多，我们就要明确主推什么品类。经过市场调研和评估，我们发现珍珠这个品类无论从价格还是大众接受度上都更适合作为切入点。于是，我们建议先推珍珠类的胸针、饰品和耳环等产品，大部分价格在 300 ~ 500 元，少部分偏高的价格也在千元以内。

那么，围绕这些珍珠饰品发什么内容呢？换位思考意向用户关心什么——他们会关心怎么佩戴、怎么选择，不同款式的优缺点，买了如何搭配，等等。于是，我们建议她创作了一系列"如何佩戴胸针""如何挑选珍珠"的内容，无论是阅读量、点赞量、收藏量、涨粉数量，还是商品销量，都得以迅速增长。笔记直接关联店铺商品，出现爆款笔记时，单日销售额轻松过万元。而这些付费用户再留存私域，实现多次复购变现。反观学员最初发布的内容，除了产品图片就是产品介绍文案，自然流量惨淡，无人问津。

回顾以上账号定位的逻辑，就是基于已有业务形态和产品，倒推账号的商业变现路径，并站在用户的角度做对他们有价值的内容。定商业路径也是为了从商业定位倒推人群定位。如果你的商业路径不清晰，那么你就不知道自己想吸引的目标人群是谁。不知道目标人群是谁，就不知道账号该发什么内容。所以，一旦你定了商业路径，内容方向也就呼之欲出了。

（2）还没有业务的

如果你还没有自己成熟的业务，甚至连最小化的产品模型都还没有跑通，那么可以从自己的兴趣爱好、职业身份、资源背景等角度，思考自己能做什么、想做什么。

为了帮助你更高效地梳理，我总结了一个 SPRM 模型。SPRM 分别指代能力（Strengths）、热情（Passion）、资源（Resources）、市场（Market）。我在《5 小时吃透小红书》中对此有讲解，下面再回顾一下这个模型怎么用。

第一步，盘点自己有哪些能力（不管是工作中的，还是生活中的，包括知识、技能或通用能力）、对什么事情有热情、手上有哪些资源（包括但不限于人际关系、渠道、环境、地域等），然后分别写在能力、热情、资源对应的圆圈里，如图 2-1 所示（后文称为"优势能力三叶草"）。

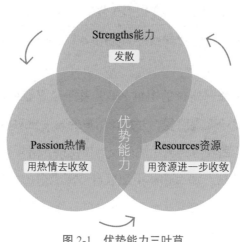

图 2-1　优势能力三叶草

第二步，转动"优势能力三叶草"，从能力出发，用热情去收敛，看这些能力里哪些是你特别感兴趣、有热情持续做、哪怕不赚钱也愿意做的，把没有热情的划掉。再以同样的方法，用资源去收敛，看剩下的这些事情中哪些是你有资源优势的。最终得到能力、热情、资源三者的交集，或者三者结合起来可以做什么事。这就是你的优势，你的商业路径会从中诞生。

第三步，进行市场判断和检验，如图 2-2 所示。你的优势能力指向的赛道、领域到底有没有市场？市场大不大？变现能力强不强？商业价值高、变现能力强的账号一开始做的就是离钱最近的赛道。

我们可以通过以下三个问题检验市场。

✦　是否与趋势一致？

✦　是否有成功案例？

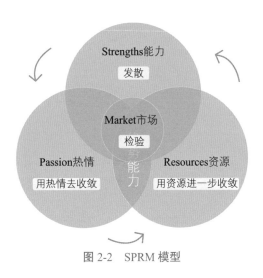

图 2-2　SPRM 模型

✦ 需求是否未被满足？

如果答案都是肯定的，那么这就是一个成功的定位。如果不是，就看你的优势能力中还有没有其他选项更符合市场需求、更容易变现。

最终，我们要得出一个结论，那就是"我的优势能力是什么，我能为什么人提供什么价值"。完成下面这道填空题，你的商业路径基本也就出来了。

基于我的＿＿＿＿＿＿优势能力，我能为＿＿＿＿＿＿（用户）提供＿＿＿＿＿＿＿＿（内容 / 产品 / 服务），让他们可以在＿＿＿＿＿＿＿＿情境下，解决他们的＿＿＿＿＿＿＿＿痛点问题，并让他们获得＿＿＿＿＿＿＿＿＿（收益）。

以我自己为例，我完成的填空题如下。

基于我 8 年跨行业品牌营销和 8 年自媒体运营经验、极强的总结输出能力（优势能力），我能为创始人、商家和个体（用户）提供小红书线上获客、业绩增长和 IP 打造的相关课程、咨询和"陪跑"服务（产品 / 服务），让他们可以在想通过小红书获客、变现、开展线上生意时（情境），解决他们不会做内容、不懂引流、没流量、不涨粉、难变现等问题（痛点），让他们获得从 0 到 1 做账号或打造个人 IP 并打通公域和私域的能力，实现流量增长和业绩倍增（收益）。

2.1.2 定内容方向

当确定商业路径之后，我们的目标人群也基本明确了。接下来，我们就要结合自身的专长和经验，思考可以为目标人群分享哪些方面的内容。同时，这些内容又是跟我们自己的业务和产品密切相关的。

如果我自己没什么想法，或者有想法但不确定自己想分享的内容是否受欢迎、内容方向是否正确，怎么办？我们可以从小红书上已经沉淀的内容找启发、做验证。我们可以根据自己的业务先自由发散几个内容关键词，假如我们是做家居家装的，就可以通过搜索"家居设计""软装设计""装修""室内设计""家居好物"等关键词筛选出相关的热门笔记，进而知道自己可以分享哪些内容。

在这个过程中，通过大量浏览同类账号的笔记和主页，我们也能筛选出自己的对标账号，然后重点看对标账号都在发哪些内容，进一步验证和明确自己的内容方向。

另外，在小红书上搜索领域关键词，我们还会看到系统延伸出来的细分关键词，如图 2-3 所示。这也可以帮助我们发现更具体的内容方向，我们可以点击感兴趣的细分关键词，重复上面的步骤。

图 2-3　搜索关键词系统延伸出的细分关键词

为了方便找到抓手，我们可以用三个关键词概括自己的内容方向。这三个关键词要有明显的内在关联性，有统一的指向，并且符合本人人设。

例如，我运营的小红书账号"厦九九"，其内容方向就是自媒体干货、个人品牌打造和女性成长。我的内容方向既是自己擅长且喜欢的，又都是目标用户感兴趣的。

如果你在"定商业路径"这一步卡住了，用 SPRM 模型梳理还是不确定自己要做什么领域，所以内容方向就迟迟定不了。那么，我建议你在平台已有的类目和频道里选择，或许会更容易。

以下三个地方可以查看平台类目和频道。

（1）第三方数据平台内容类目

查看第三方数据平台的类目，以千瓜数据为例，小红书上主流内容类目包含美妆、护肤、个人护理、母婴、时尚、美食、家居家装、影视综资讯、运动健身、宠物、文化艺术、兴趣爱好、生活记录、教育、情感、摄影、游戏、科技数码、出行、音乐、搞笑、健康养生、汽车、婚嫁、商业财经、素材及其他共 27 个内容品类。看看你更接近于哪一类？

图 2-4　推荐频道

（2）小红书首页频道

在小红书首页频道，我们可以了解平台的主流赛道。依次点击首页、发现及右上角的箭头，浏览推荐频道里的所有类目（见图 2-4），判断自己比较偏向于哪个频道。

另外，点击进入编辑，可以编辑自己感兴趣的频道。我建议选择与自己领域相关的频道，并且多看相关领域的内容，这样系统给你推送的内容大概率会成为你学习和借鉴的素材。

（3）小红书身份标签类目

点击主页上的"编辑资料"，找到身份栏，点击进入、添加身份，就可以根据选项选择身份标签。这里提供的身份标签共有 31 个类目，每个类目还有细分。为了方便查阅，我已整理如下。

①时尚：时尚博主、设计师、服装设计师、品牌创始人、品牌主理人、模特、造型师、时尚买手、时尚编辑、珠宝设计师。

②美妆：美妆博主、护肤博主、化妆师、美容师、发型师、美甲师、文身师、香水博主。

③潮流：潮流博主、潮鞋博主、潮玩博主、潮流音乐人、潮流买手。

④影视娱乐：漫画博主、动漫博主、coser[①]、绘画博主、影视博主、影评人、舞蹈博主、娱乐博主、配音演员、相声演员、脱口秀演员、编剧、经纪人、影视后期、舞者、演员、导演、艺人、体育明星、虚拟偶像、魔术师、音效师、灯光师、编导、导播、制片人、戏剧演员。

⑤音乐：音乐博主、乐评人、乐队、合唱团、音乐制作人、调音师、演奏者、吉他手、贝斯手、鼓手、音乐指导、歌手、组合、音乐人。

⑥游戏：游戏博主、电竞教练、电竞选手、电竞主持人、电竞赛事解说、游戏策划。

---

① 即角色扮演。

⑦文化：漫画家、画家、出版人、文化博主、撰稿人、作家、非遗传承人、雕塑家、艺术创作者、诗歌博主、戏曲演员。

⑧教育：科普博主、职场博主、教育博主、职业顾问、留学顾问、学者。

⑨商业财经：财经博主。

⑩广告营销：市场营销、市场策划、品牌公关、媒介投放、广告创意、品牌策划、市场调研、市场拓展、会展策划。

⑪咨询服务：管理咨询、IT 咨询、战略咨询、猎头顾问。

⑫科技数码：数码博主、摄影博主、摄影师。

⑬互联网：产品经理、程序员、互联网运营、互联网从业者、前端开发工程师、后段开发工程师、测试开发工程师、算法工程师、数据分析师、视觉设计师、交互设计师、项目经理、主播、软件工程师、硬件工程师、用户研究员。

⑭美食：美食博主、料理博主、厨师、咖啡师、烘焙师、调酒师、茶艺师、餐饮店主、面点师。

⑮情感：心理博主、情感博主。

⑯兴趣爱好：插画师、手工博主、手帐博主、模型博主、鲜花博主、Vlog 博主、花艺师。

⑰运动健身：运动博主、健身博主、户外博主、钓鱼博主、运动员、教练、裁判、户外运动教练。

⑱生活服务：服务人员、家政从业者、导购、保安。

⑲出行：旅行博主、探店博主、露营博主、民宿主理人、酒

店博主、民宿博主、营地主理人、乘务员、导游、讲解员。

⑳交通运输：汽车博主、司机、飞机机长、列车车长、船长、船员、汽车维修、汽车改装师、汽车工程师、安检员、航空乘务员、飞行员、航天员。

㉑地产建筑：建筑设计师、建筑工程师、景观设计师、城市规划师、工程造价师、房产评估师、建筑工人、建筑师、物业人员。

㉒生产物流：物流从业者、生产工人。

㉓农林牧渔：饲养员。

㉔宠物：宠物博主、宠物美容师。

㉕搞笑：搞笑博主。

㉖家居家装：家居博主、室内设计师。

㉗母婴：母婴博主、育儿博主。

㉘婚嫁：婚礼策划师、婚礼主持人、司仪。

㉙职能：HR、行政、销售、客服、采购。

㉚其他：翻译。

㉛媒体：评论员、传媒从业者、媒体人。

当你选定了自己的身份标签时，实际上也就明确了赛道方向。如果你找不到与自己对应的身份，就从具体的身份扩展到对应的大类目。例如，你是珠宝设计师，那就属于时尚这个大类目。

一个账号最多可以选择两个身份标签。由于同一类目下的多种身份本质上是强相关的，那么我们在选择身份标签时（选领域也一样）应尽量保证身份标签（或领域关键词）是有相关性的，或二者同属于某一个大类，这样就不会让人觉得混乱。例如，你可以同时选择"美妆博主"和"护肤博主"，这两个身份放在一起没有问题，但"运动博主"和"职场博主"同时存在就有点违和；"撰稿人"和"作家"放在一起也很搭，但"撰稿人"和"发型师"搭在一起就很奇怪。

好了，以上就是定内容方向，也是定领域的方法。如果这两步你都完成得很好，那么接下来就要考虑做什么类型的账号了。

2.1.3 定账号类型

小红书账号类型的区分有两个维度：一是认证属性；二是内容属性。

（1）认证属性

按是否认证专业号，小红书账号可以分为普通号和专业号。而专业号又分为个人专业号（简称"个人号"）和企业专业号（简称"企业号"）。由于本书讨论的账号都默认是专业号，所以小红书账号按认证属性可以分为个人号和企业号。

个人号就是个人身份证实名认证的账号（一张身份证只能实名认证 1 个账号）。企业号就是用个体工商户营业执照或企业营业执照认证的账号（一张营业执照可以认证 3 个企业专业号），会有蓝 V 标识，并且有品牌营销的权益，可以进行商业营销行为。个人号和企业号的具体区别如表 2-1 所示。商家和博主可以根据实际需要，选择认证适合的账号类型。

表 2-1　个人号和企业号的区别

类别	个人号	企业号
账号名称	可重复	唯一，不可重复，最好有注册商标
认证费用	免费，认证类型多种	蓝 V 认证，认证基础权益费用为 600 元 / 年
账号作用	个人属性，偏向真实人设的经验分享	企业属性，有更强的品牌传播属性，企业变现更直接，可以与达人合作传播品牌
内容运营权益	• 笔记置顶 • 抽奖笔记（1 条 / 月） • 个人直播 • 用户标记展示	• 笔记置顶 • 抽奖笔记（3 条 / 月） • 企业直播 • 商业话题 + 标记展示 • 薯条推广、信息流 • 可关联线下门店，展示在主页 • 可投广告
店铺开设类型	• 个人店、个体工商店 • 保证金 1000 元起	• 个体工商店、普通企业店、专卖店、旗舰店等 • 保证金 1000 元起 • 一个营业执照可以开 3 家店
广告变现	达到 1000 个粉丝可入驻蒲公英，进行接单变现	企业入驻蒲公英，寻找达人发起合作
直播带货	• 实名认证即可开店播（带店铺里的货） • 直播选品（带平台选品中心的货）功能须满足粉丝量 ≥ 1000	• 企业认证即可开店播（带店铺里的货） • 直播选品（带平台选品中心的货）功能须满足粉丝量 ≥ 1000
群聊	不限开通上限	不限开通上限

（2）内容属性

按内容属性，小红书账号可以分为人设号、品牌号和工具号。

人设号是指有真实人设的账号，以个人身份切入做账号和内容运营，粉丝能从账号主页和内容中知道博主是怎样一个活生生的、有血有肉的人。有人设的账号通常都是博主真人出镜口播或拍 Vlog，也有人设号做的是图文或者不露脸的短视频。只要账号"五件套"和内容里有一个稳定的、可信任的真实人设，就是人设号。打造个人 IP 或创始人 IP 就要做人设号。例如，我的账号"厦九九"就是人设号。

人设号也适用于企业号，包括个人店、企业店、个体工商店都适用。这样的账号更有温度、有趣味、有生命力，更利于建立信任感，方便运营者代入自身感受去介绍和分享产品体验。

如果人设号成功打造了个人 IP，也可以叫 IP 号。但不是所有人设号都可以成为 IP 号，IP 号往往需要在某个领域有深耕、有成果、有专业背书。

品牌号就是以企业或品牌身份切入做账号和内容运营，笔记通常都是发布企业的新品或宣传广告，介绍产品或营销活动等，旨在展示企业、品牌和产品。品牌号的内容比人设号更硬广、更有营销味儿；但好处是更新难度较低、频率更稳定，有利于塑造品牌认知。对于已经成熟的、有一定知名度的品牌，品牌号更加适合。例如，我的私塾学员"洪小鹏美学创意"就是品牌号。

工具号是指没有人设，也没有品牌的工具人账号、资料号、素材号。这类账号要么是为了直接引流，要么就是缺乏变现思维，陷入盲目起号、盲目追求流量和数据的陷阱。

从长期运营和可持续变现的角度，我不建议大家再做工具号。因为这类账号的商业价值不大，如果做暴力引流，也很容易被禁言限流，甚至封号。所以，我还是推荐大家做人设号和品牌号。

综上所述，我总结了一个账号类型选择模型，如图 2-5 所示，横轴按认证属性分为企业号和个人号，纵轴按内容属性分为品牌号和人设号，最终得到四个推荐大家做的账号类型，分别是企业品牌号、企业人设号、个人人设号及个人品牌号。

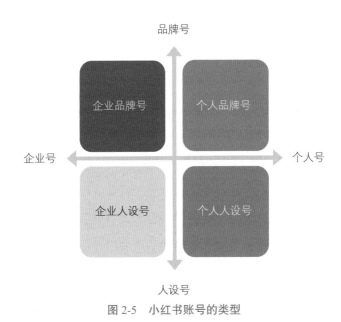

图 2-5　小红书账号的类型

2.1.4 定内容形式

小红书笔记的内容形式有且仅有两种：图文和视频。

小红书自创立以来都是以图文笔记为主，图片质感和氛围感强，图文排版精美，正文不超过 1000 字，内容精炼，信息量大。后来，随着短视频的流行，越来越多的博主和商家开始发布视频内容。小红书上受欢迎的视频内容以 1 ~ 5 分钟的中视频为主。时间太短，信息量不够；时间太长，影响完播率。

图文和视频又细分为多种形式。

图文形式有重图片、轻文字的，也就是把所有信息和知识点都用精美的图片呈现，正文只是简短的概括和说明；有以文字为主、图片只作为封面或作为正文必要配图的；有图文并茂的，也就是图片和文字并重；还有近两年比较流行的 Plog（图片博客），也就是把文字信息直接放在图片上，图文一体，正文再概括内容要点和补充说明图上没有的内容。

视频形式有口播、Vlog、访谈式、情景剧，以及"口播 + Vlog 或素材混剪"。我的账号"厦九九"就是以口播为主，偶尔会有 Vlog 或"口播 +Vlog 或素材混剪"。

毋庸置疑，视频是自媒体发展至今最受欢迎的内容形式。它呈现的信息量和直观感受是其他内容形式不可替代的，能让用户快速了解你的人设，也能直观地展示产品的使用过程和效果，更有利于建立信任，打造个人品牌。但最终选择哪种内容形式，可以从两个方面考虑。

第一，考虑你的行业领域和内容方向。如果你是做服饰、护肤、美妆、家居等对"眼见为实"有要求的行业，视频会是更好的呈现形式。

第二，考虑当下的你更适合选择哪一种，或者哪一种形式更能发挥你的优势。如果你擅长摄影，审美能力很强，能修图、做图和排版，平时又比较忙，没时间拍视频，那么选择图文形式既能发挥你的优势又能节省时间。如果你的颜值在线，声音好听，又不排斥对着镜头讲话，并且表现力好，那么选择口播的形式会更加得心应手。如果你很喜欢用视频记录生活，很享受把各种视频画面拼接起来讲述某个主题，那么 Vlog 的形式会很适合你。

2.1.5　定记忆点

根据 2023 年小红书 WILL 商业大会公布的数据，小红书的月活创作者数量超过 2000 万个。要想从众多账号中脱颖而出，你就必须要有自己独特的记忆点和差异化的特色。

记忆点可以是你的人设标签，也可以是内容呈现的视觉锤，还可以是有穿透力的语言钉。不管是个人品牌，还是企业品牌，都可以设计自己独特的品牌符号和记忆点，这样能让用户产生深刻的印象，也更容易被记住和传播。你可以从以下几个方面入手，打造自己的专属记忆点。

（1）人设标签

所谓人设，即你是一个怎样的人，你具有怎样的身份、职业、家庭角色、社会角色、特殊背景和经历。例如，"95后"深圳独居女孩、"85后"北漂金融女孩、三线城市二胎妈妈、30岁单亲妈妈在魔都，等等。

在蒲公英内容合作页面有一栏"我的人设标签"，结合账号内容选择契合的，单次最多可选择两个。这些人设标签主要分为日常职业、家庭角色和特色背景三大类，如图2-6所示。

日常职业	模特	学生	摄影师	老师	创业者	育婴师	插画师	化妆师
	营养师	金融从业者	甜点师	室内设计师	教练	厨师	品牌创始人	
	造型师	画家	平面设计师	服装设计师	主播	医生	编辑	
家庭角色	妈妈	萌娃	情侣	母女	夫妻	母子	家庭	爸爸
特色背景	留学背景	户外爱好者	海外华人	数码爱好者	铲屎官	手账爱好者	孕妈	
	二次元人群	独居人群	汉服爱好者	手办爱好者				

图2-6　小红书蒲公英的人设标签清单

（2）视觉锤

视觉锤是指固定的视觉元素，主要体现在人物形象与服道化上。

人物形象包括个人面部特征、固定发型、固定的夸张耳饰或项链等。你也可以在出镜人物上做文章。例如，有些账号除了固定的主角，还总有另一个固定的配角，就坐在沙发上玩手机，当工具人。又或者同样都是学霸人设，大部分账号是单人口播，而有一个账号却是双胞胎学霸一起出镜，这就更有辨识度。

所谓服道化就是在服装、道具和妆容上用心设计，并保持个人特色与风格。例如，穿着汉服的小姐姐讲 PPT 怎么做，或者穿着旗袍、打扮精致的厨娘做美食，就有很强的差异化记忆点。

刚开始起号，出镜人物可以特定的形象和穿着，或者搭配固定的手势和动作，出现在特定的场景里。场景里还可以出现固定的物品、道具和元素，这些都是在打造记忆点。久而久之，用户每次看到这些视觉元素就会自然而然地想到这个账号。

（3）语言钉

狭义的语言钉是指品牌定位语、品牌口号、广告语等。广义的语言钉还包括语音语调、语言种类，甚至音乐。凡是能以语言或声音的方式植入用户心智的信息，都可以称为"语言钉"。

最直接的语言钉，就是在开场和结尾设计固定的口号。例如，我在成长类视频的结尾都会说"我是厦九九，一起成长、成事、成为自己"，在小红书运营干货类视频的结尾都会说"关注厦九九，涨粉变现都长久"。很多粉丝就是因为记住了这两句口号，而记住了我这个人。

除了语言本身，有些博主主打方言或外语，如四川话、粤语、英语、法语等，也能增加账号的辨识度。有些博主说话带有很浓的地方口音，也成为一种特色。还有些情感博主或读书博主的声音很治愈、很好听，也成为一大记忆点。

除了声音，运用音乐也是打造记忆点的常用方式。有些账号的视频每次开场都用相同的音乐，下次当你听到这首音乐时就会想起这个博主。

（4）内容模式

内容是账号最核心的部分，固定的内容模式可以形成非常强的记忆点。例如，李娃娃的"体验 100 种不同的人生"，垫底辣孩的变装视频，等等。

还有一些摄影博主的教程视频都是采用一模一样的结构，只不过是今天在咖啡馆拍、明天在酒店拍、后天在奶茶店拍……不管如何换场景，他的讲解话术、内容框架和剪辑节奏都是一样的。这就是固定的内容模式。

（5）风格特性

每个账号、每个 IP 给人的感觉都是不同的。一个账号给人怎样的整体印象和感觉，就是这个账号的风格特性。例如，陈翔六点半是幽默搞笑，李子柒是浪漫唯美，李筱懿是知性优雅，房琪是文艺古典，陈诗远是温暖治愈。我给"厦九九"这个账号设定的风格特性是励志、知性。

结合自己的性格特质，你可以用 1 ~ 3 个词描述自己账号想要打造的风格，如有亲和力、专业、有趣、质朴、有品位。

总结一下，账号定位 = 商业路径 + 内容方向 + 账号类型 + 内容形式 + 记忆点。如果用一句话描述，就是"一个＿＿＿＿＿（记忆点）的＿＿＿＿＿（账号类型），用＿＿＿＿（内容形式）分享＿＿＿＿＿（内容方向），通过＿＿＿＿（商业路径）变现"。

以我自己的账号"厦九九"为例，一个励志、知性的个人人设号，用口播形式分享小红书运营干货、个人品牌打造和女性成长，通过咨询、课程和商业"陪跑"变现。

2.2　账号搭建：账号主页装修指南

账号定位梳理完成后，就要将定位具象化、可视化，这个过程就是账号搭建与门面装修。如果把账号比作一个人，账号主页就是人的外表，决定了给人的第一印象，能对转粉起到至关重要的作用。

账号搭建主要分为以下六步：

第一步，完成账号注册与认证；

第二步，完成账号主页搭建，设置账号"五件套"：头像、名字、简介、背景图、其他资料；

第三步，进行笔记封面视觉设计；

第四步，账号店铺开通与搭建；

第五步，建立账号群聊；

第六步，创建线下门店标记（仅限企业号）。

2.2.1　账号注册与认证

下载小红书 App 进行注册，注册方式首选手机号注册，完成注册后自动绑定手机号。一个手机号只能注册一个账号。如果想换手机号，可以解绑。解绑后的手机号，还可以继续注册新的账号。

如果想做一个能变现的账号，开通各种运营功能和权益，就必须进行实名认证，也就是绑定个人身份证。路径：主页小齿轮—账号与安全—实名认证。

身份证实名认证后不能换绑或解绑。想要解绑，只能注销账号，所以认证时要慎重。如果是外籍用户，点实名认证后选择"非中国居民认证"，按提示填写护照信息申请即可。

综上所述，注册时遵循"一机一证一号"原则，一个手机号、一张身份证只能注册和认证一个小红书账号。

实名认证后，还要申请专业号认证。专业号是参与小红书商业活动的入场券，拥有各种商业化功能权益，如图 2-7 所示。

社区运营		店铺经营	商业推广
专属身份	搜索权益	开通店铺	薯条推广
数据洞察	抽奖笔记	商品笔记	品牌合作
商业话题	关联门店	带货直播	效果广告
		账号关联	

图 2-7　专业号功能权益

专业号分为个人专业号（以下简称"个人号"）和企业专业号（以下简称"企业号"）。个人号申请需要完成实名认证；企业号需要提交企业或个体营业执照并支付 600 元认证审核费用，部分行业需要提供相关行业资质（如医疗、法律、财经等行业）。

认证专业号的路径：主页小齿轮—账号与安全—升级专业号，或者小红书 App—我—左上角三横—创作中心—更多服务—商业能力—开通专业号—成为专业号，如图 2-8 和图 2-9 所示。

图 2-8　"更多服务"页面

图 2-9　"开通专业号"页面

点击"成为专业号"。如果想认证个人号，就点击"我是「个人」""立即申请"；想认证企业号，就点击"我是「企业」""立即申请"。个人号认证比较简单，企业号认证稍微复杂一点，具体流程如下。

选择"我是「企业」"，如图 2-10 所示。

第一步，填写基础信息，上传账号头像，填写账号名称，如图 2-11 所示。

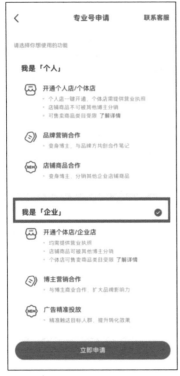

图 2-10　专业号申请页面

图 2-11　专业号身份审核—基础信息

　　如果账号名称中含商标名，或账号头像包含 R 标[①]，就需要提供商标材料。商标材料包括：自有商标需提供《商标注册证》，非自有商标需提供《商标注册证》+《商标授权函》（商标授权书有效期 ≥ 6 个月）。《商标注册证》的经营类目不得涉及禁入行业内容。

　　如果已有授权链路完整、清晰且内容符合要求的商标授权函

―――――――――

① 即注册商标的标记。

并加盖了授权方公章，可以直接上传；如果没有，则需要下载官方模板进行填写盖章，并且严格按照模板内容进行填写，不可改动。

　　第二步，填写主体信息，包括主体归属地（认证成功后不可修改）、营业执照 / 组织机构代码证、主体名称、社会信用代码、证件期限，如图 2-12 所示。

图 2-12　专业号身份审核—主体信息

第三步，填写认证资质，包括身份验证（法人人脸识别）、法人姓名、身份证号，提交企业盖章公函，上传身份资质，选择一级类目，如图 2-13 所示。注意，这里的小红书专业号申请公函需要下载模板，提前准备好。

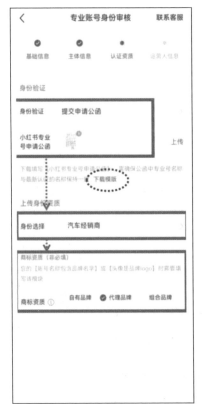

图 2-13 专业号身份审核—认证资质

第四步，填写运营人信息，如图 2-14 所示。

第五步，提交并支付 600 元认证费用。认证有效期 1 年，到

期需进行年审续费，与首次认证
流程一致。

　　审核通过即代表认证成功，
认证失败不退还费用。所以，申
请人在填写信息时一定要仔细、
慎重，避免因资料不全或错误导
致审核失败。

　　以上就是企业号的认证流程。
一旦认证成为企业号，就不能更
换成个人号。如果一开始认证的
是个人号，后面想升级为企业号，
怎么办？如果个人号已经开通带
货合作和合作中心功能，需要联
系客服关闭后才可以升级企业号。
按照路径"小红书 App—我—左

图 2-14　专业号身份审核—运营
人信息

上角三横—专业号中心—做互动—立即升级"进入企业号认证页
面，填写资料并提交即可，审核时间预计 3 个工作日，审核通过
后会收到消息通知。

2.2.2　账号主页"五件套"设置

　　完成账号注册，就要开始设置主页的"五件套"，包括头像、
名字、简介、背景图和其他资料。这"五件套"是一体的，目的

图 2-15 "编辑资料"页面

就是在用户心中建立良好的第一印象。具体设置路径：打开小红书账号主页，点击"编辑资料"就可以进入编辑栏，如图 2-15 所示，按栏目进行填写即可。

（1）头像选择

头像要跟账号定位和人设契合，同时展现个人或企业风采。头像分为人物照和非人物照，人物照又有真人照和网络人物照。如果你想打造个人 IP，我建议尽量用真人照。理想的真人艺术照或高品质的生活照比较适合。

好的头像通常具有以下两个特点。

① 能体现职业、身份、人物特点，增加人设的真实感和信任感。例如，身心灵赛道的账号头像很治愈，医生的头像是穿着制服的工作照，宝妈的头像是和宝宝的合照。

如果不方便使用真人头像，可以设计一个有辨识度的卡通头像。如果是企业号想展示品牌专业性，也可以用品牌标识做头像。

② 符合账号定位和主页的整体风格。例如，时尚博主的头像往往比较时尚，文化博主的头像则文艺端庄一些。

（2）账号起名

好名字价值百万。什么样的账号名字才是好名字呢？

先说人设号，我总结了以下三个好名字的共性。

第一，名字简单、好记、好写、好念，易于传播，便于搜索。

不要有生僻字、多音字等难写、难认、难念的字词，也不要在名字里添加字母、数字、符号。这样既会显得草率、不专业，也会增加记忆和搜索的难度。名字不要太长，长度为 2 ~ 5 个字，最长不超过 8 个字。例如，"厦九九""陈十安""皮皮在蓝色星球"。

尽量不要用英文名。即使用英文名，也要搭配一个中文名，如"莉莉东 LiliDong"。

记住，你的名字给用户行方便，就是给自己带流量。

第二，名字符合账号定位和人设，体现自己从事的行业、领域，让别人一看就知道你是做什么的。

我总结了一个起名字的万能模式：IP 名 + 关键词。IP 名符合第一点就可以，关键词可以是体现账号定位的内容关键词、功能关键词、领域关键词，也可以是人设、身份或其他特征关键词。

例如，一米（IP 名）育儿（领域）、阿 Sir（IP 名）电影（功能）、老纪（IP 名）蚝宅（功能：卖生蚝的）、大白（IP 名）陪你学英语（功能）、楚小兔（IP 名）爱下厨（特征）、周博士（IP 名）变美日记（内容）、粉笔（IP 名）妈咪（身份）。

第三，有辨识度，独一无二。

一个名字如果重名太多，就没有太高的辨识度。在满足第一点和第二点的基础上，如果名字还能新颖独特、让人耳目一新，就更容易给人留下深刻的印象。

最初我的 IP 名是"夏九九"，但我发现这是一个节气，网上搜索，出现的全是有关这个节气的内容，我的内容完全被淹没了。出于品牌意识，我知道一定要改。转念一想，我是厦门大学毕业的，又定居厦门，就"以城之名冠我之姓"吧，于是就叫"厦九九"。当时全网只有我一人用此名，后来随着人气的增加，也出现了一些重名者。现在，你在任何社交媒体上搜索"厦九九"，都能搜到我在全网积累了 8 年的内容，这都是品牌资产。名字确定后就不要轻易更改，尤其是在已经积累了不少内容和粉丝的时候。

再说品牌号。如果你的品牌有一定知名度，想突出品牌，那么账号名字就可以是品牌名称；如果是新品牌，市场上消费者还没有认知，也可以用"品牌名称 + 所属行业 / 品类"。

（3）拟定简介

账号简介是"五件套"里最重要的部分，它是陌生人快速了解账号及其主理人的关键所在，很大程度上决定了用户是否继续浏览其他内容或是否关注该账号。

好的简介往往包含以下信息。

① 我是谁？我的标签、头衔、身份、职业。

② 我有何不同？何以见得？我的履历、学历、取得的成果、获得过的奖项和荣誉、高光时刻，以及能展现我的优势和独特之处的信息等。

③ 我能为用户提供什么价值和帮助？明确指出我会在这个账

号分享哪些方面的内容和信息，给用户提供什么价值。例如，我的简介上最后一句话就是分享自媒体干货、个人品牌打造和女性成长。

小红书的简介限 100 字以内，所以要简洁、精练、突出重点、通俗易懂，不要有专业术语、专有名词。具体而言，简介可以分三行写：第一行写主理人的标签和头衔；第二行写背书和经历，是对第一行的佐证；第三行写账号分享的内容和领域，如图 2-16 所示。

图 2-16　小红书账号"厦九九"简介

另外，主理人在写简介时还要注意以下几点。

① 紧扣定位。主理人在写标签、头衔、背书或经历时，往往会不自觉地把所有头衔、经历都写上，这是大忌。简介里的每一个字都要围绕账号定位，指向一个或两个主打标签。如果是两个标签，这两个标签还必须是强关联的。例如，"8 年内容创作

者""90 后青年作家"都是指向内容能力。与定位不相关的头衔、经历就不要写了。

② 重点展示优势。如果你的优势是学历，那就展示学历；如果你的优势是职场经验，那就亮出你的职位和经验履历。

③ 关联目标受众。你是什么样的人就会吸引什么样人。体现你的身份背景，就能吸引到同样身份的目标群体。

在我早期的简介里有多种身份。其中，"自媒体实战导师""个人 IP 顾问""MCN 机构创始人"既是背书，也能吸引合作；"创业二宝妈"能吸引创业人群和宝妈群体；作家的身份能吸引出版社图书编辑的关注。

④ 不断更新迭代。简介是很难一步写到位的，主理人需要不断优化和迭代，有了新成果、新业绩就要及时更新。

如果主理人想做的是品牌号，而非人设号，那么简介的核心即描述自己是一个怎样的品牌，品牌理念是什么，以及这个账号的功能和作用。例如，我们"陪跑"的一个客户的品牌号简介如图 2-17 所示。

图 2-17　服装主理人洪小鹏的品牌号

在运营品牌号的同时，我们还帮助客户用最简便的方式打造了一个人设号，如图 2-18 所示。

图 2-18　服装主理人洪小鹏的人设号

品牌号和人设号的简介里可以互相 @ 对方，实现账号之间的联动和导流，丰富账号的信息量，让用户更加立体地了解品牌和主理人。

（4）设置背景图

小红书主页的背景图就是天然的广告位，但很多人完全忽略了，只是空着或随便上传一张风景图。有人发现了这个广告位，特意做了一张宣传图，图片上有自己的形象照、业务介绍和微信号。这种营销感给人的第一印象就不太好，而且系统也不允许在背景图上放营销信息，即使侥幸通过，在日后被系统检测出来也会因为违规而被清空。

那么，账号主理人应该如何最大化地利用这个广告位呢？我分享三个正确的做法。

第一，展示简介里无法展示的信息。简介最多 100 个字，有些重要的信息放不上去，就考虑在背景图上进行展示。例如，我在简介中说自己是作家，我很想把自己的书名写上去，但我出了四本书，书名全写上就会超字数。于是，我直接把四本书的封面做成一张背景图上传主页，这个问题就解决了。

第二，高光时刻的照片＋口号。根据账号定位提炼一句口号，一定要是金句；再配上一张高质量、高颜值或有氛围感的美照，让用户直观地知道你是做什么的，有什么样的理念和价值观。这样的背景图也会让人眼前一亮。

第三，展示品牌形象和实力。我"陪跑"的不少客户是开实体店的，场所和门头都很高端、大气，那么背景图就可以放一张实景照片或品牌产品图，达到一图胜千言的效果。

在制作背景图时需要注意以下三点：

① 小红书主页背景图的长宽比是 5∶4；

② 图片不会完全展示，只有下拉主页才会完全展示；

③ 图片上传成功后，默认会有暗色蒙版滤镜，如果图片中有文字，文字需要显眼一些才能看得清楚。

（5）其他资料

除了对头像、名字、简介、背景图进行设置，点击"编辑资料"，还可以对性别、生日、身份（认证专业号后可选择两个身份）、地区和学校等信息进行补充展示，填写后就会在简介下方以独立标签的形式展现，如前文中图 2-16 所示。

很多人会忽略这些信息，我建议账号主理人都要认真填写，将年龄或星座（任选其一）、地点、学校等信息公开。这样有利于增加用户对账号主理人的了解和认同，让账号主理人的人设更加真实、立体，也更容易被关注。如果是企业号，也可以对品牌的其他信息进行补充完善。

2.2.3　内容封面设计

笔记封面在主页中占据较大的版面，封面设计不仅关乎账号主理人形象的塑造，而且很大程度上影响用户对账号的第一印象和对内容质量的判断。所以，封面的视觉设计起到了展现账号质感、提高用户关注度的作用，也是吸引用户点击、提高浏览量的关键因素。

有吸引力的封面具备以下三个要素。

（1）封面尺寸最大化

对于小红书笔记的封面尺寸，我建议制作成竖版的 3：4，这是最大的封面画幅。这样在首页推荐的双列信息流中会更加显眼。

（2）封面图片有信息量

一张与主题内容相关且有丰富信息量、能引发联想的图片能瞬间吸引人点击。而且，图片的风格要符合小红书的特性。例如，与生活贴合、具有场景感的实景照片，如图 2-19 所示；高颜值、有质感的产品实物图，如图 2-20 所示；根据内容专门拍摄的照片，如图 2-21 所示；或者跟主题呼应的、有氛围感的照片拼图，如图 2-22 所示。

图 2-19　与生活贴合、具有
场景感的实景照片

图 2-20　高颜值、有质感
的产品实物图

图 2-21　根据内容专门拍摄
的照片

图 2-22　跟主题呼应的、
有氛围感的照片拼图

总之，对于封面来说，封面图片的颜值也是一种竞争力。图片一定要清晰、美观，模糊的封面图片可能会被平台误认为质量低下而不予推荐。

（3）封面标题及关键词醒目

在封面上添加一句引人入胜的标题或一些关键词，可以是一句完整的话，也可以是几个反映内容主题的关键词或短语，目的是让用户在看到内容时第一眼就捕捉到内容的主题和价值。

封面既要有美感，又要传递有吸引力的关键信息。本节主要讲解小红书的封面制作样式和排版，具体封面标题怎么起，我会在 2.4 节详细讲解。那么，怎样进行排版、设计，才会重点突出、吸引人呢？我总结了一套封面排版的万能公式。

封面排版 = 竖版 / 上下二分 + 场景化背景 / 纯色背景 + 人物 / 物品主体 + 标题 / 关键词

具体地说，我总结了三种常见的爆款封面样式，供你参考。

封面样式 1：竖版构图 + 人物主体 + 背景 + 一句话标题或关键词

封面采用竖版 3∶4 的尺寸，图片以人物为主体，再加一句醒目的文案；文案通常居中排版，如图 2-23 所示。

如果人物背景很杂乱或与主题

图 2-23　封面样式 1 示例

图 2-24 封面样式 2 示例

不契合，就可以对人物进行抠图，用纯色背景或契合主题的背景替换。很多修图软件都可以一键抠图。

封面样式 2：二分构图＋居中标题或关键词

上下两张图拼在一起，也可以左右拼图或多图拼图，中间拼接部分放上标题或关键词，如图 2-24 所示。

封面样式 3：竖版构图＋人物照片＋标题或关键词

画面正中是清晰的人物主体，标题或关键词可以放在图片上方或下方，也可以上方、下方都放，如图 2-25 所示。

图 2-25 封面样式 3 示例

账号主理人也可以灵活排版。例如，提炼四字主题，在封面的四个角各放一个字，中间放小标题，或者根据图片灵活构图排版。需要注意，字体及其颜色最多不超过三种，做到简洁、美观、大方、醒目即可。

总之，无论是个人品牌，还是企业品牌，账号主理人都应根据自己的定位设计专属封面并坚持使用，这会让主页看起来整洁、统一。而且，封面设计并不需要一开始就完美，账号主理人可以在一段时间内尝试一种样式，检验哪种样式的效果最好，然后不断地调整和优化。

2.2.4　账号店铺搭建

根据不同的认证身份，小红书申请开通的店铺有三种类型，分别是个人店、个体工商户店和普通企业店。个人店就是以个人身份开通的店铺，只需要提供运营人身份证件即可入驻。个体工商户店是指以个体工商户的身份开通的店铺，需要提供个体工商户营业执照、运营人身份证件才可以入驻。普通企业店是指以企业身份开通的店铺，需要有企业营业执照和相关材料才能入驻。如果想开专卖店、旗舰店，则需要平台邀请才能入驻，主理人无法自行申请。

个人店、个体工商户店和普通企业店的区别如表 2-2 所示。

表 2-2　个人店、个体工商户店和普通企业店的区别

类别	个人店	个体工商户店	普通企业店
入驻方式	身份证	加盖公司红章的营业执照	有限公司的营业执照

（续表）

申请主体	个人	个体工商户	企业
账号类型	个人	个人／企业	企业
经营类目	略少于企业店	介于个人店和企业店之间	经营的类目比较多，具体类目可在"小红书电商学院—规则中心—招商入驻—入驻要求—普通企业店可售类型"中查找
好物推荐分销（由达人选品帮助店铺进行直播带货的权限）	不支持	支持，但需要账号是企业号	支持
广告推广投放	未开放	已开放，但需要账号是企业号	已开放
内容权益	• 每月 1 次的抽奖笔记 • 薯条 • 店铺自播带货、与品牌合作带货	• 个人号每月 1 次的抽奖笔记，企业每月 3 次的抽奖笔记 • 薯条 • 店铺自播带货、升级企业号后可以与合作达人分销带货	• 每月 3 次的抽奖笔记 • 信息流广告、搜索广告、品牌广告、薯条 • 店铺自播带货、与合作达人分销带货
店铺开设	产生销量后缴纳保证金 1000 元	产生销量后需缴纳保证金，具体数额根据类目调整	发布商品前缴纳保证金。根据经营类目不同，保证金在几千元到几万元之间

（1）如何开通店铺

打开小红书 App，依次点击"我"—左上方三条横线—创作中心—创作服务—开通店铺—立即开店（如果没有认证专业号，系统会提醒先认证），如图 2-26 所示。

图 2-26　小红书的开店入口

进入开店页面，选择店铺类型，是个人店、个体工商户店，还是普通企业店。

注册个人店的步骤如下。

第一步，点击"个人店"，再点击"下一步"，如图 2-27 所示。

第二步，在经营类目中选择商品类型，如图 2-28 所示。

第三步，填写个人信息，如图 2-29 所示。

图 2-27　在店铺类型中　　图 2-28　选择商品类型　　图 2-29　填写个人信息
　　　　　选择个人店

这里需要填写的信息分别是姓名、身份证号、手机号、验证码。在填写完以上信息后需要进行人脸识别。完成人脸识别后点击"确认提交"，就可以完成个人店入驻了。入驻审核预计需要 1 ~ 3 个工作日。

注册个体工商户店的步骤如下。

第一步，点击"个体工商户店"，然后点击"下一步"，如图 2-30 所示。

图 2-30　在店铺类型中选择个体工商户店

第二步，选择经营类目。这里可选择多项类目，其中一级类目、二级类目都要选，然后点击"确认"，如图 2-31 所示。

第三步，填写营业执照信息，需要上传个体工商户的营业执照。上传完营业执照后，系统会自动填写公司名称、营业执照注册地址及统一社会信用代码，点击"下一步"，如图 2-32 所示。

图 2-31　为个体工商户店选择经营类目

图 2-32　填写营业执照信息

第四步，填写店铺运营人信息，如图 2-33 所示。填写完确认提交，审核时间预计 1 ~ 3 个工作日。

注册普通企业店的步骤如下。

第一步，点击"普通企业店"，然后点击"下一步"，如图 2-34 所示。

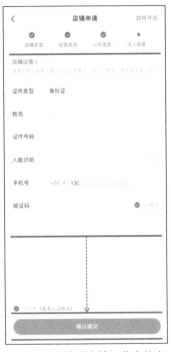 

图 2-33　填写店铺运营人信息　图 2-34　在店铺类型中选择普通企业店

第二步，选择经营类目（选完一类还可继续选，一级类目、二级类目都要选，可选择多项类目），点击"专属身份"，点击"经营范围"，选择"其他"，如图 2-35 所示。

图 2-35　为普通企业店选择经营类目

以汽车经销商为例，专属身份选择汽车品牌，需提交资质（《经销商授权合同》《汽车经销商加盟合同》《经销商官网截图》

填写至少一种资质类型），填写好以后点击"提交"，如图 2-36 所示。

第三步，填写店铺关联信息，包含店铺头像、店铺名称，填好后点击"下一步"，如图 2-37 所示。

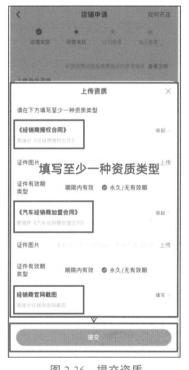

图 2-36　提交资质

图 2-37　填写店铺关联信息

第四步，填写营业执照信息，点击"下一步"，如图 2-38 所示。

第五步，填写店铺运营人信息，点击"确认提交"，如图 2-39 所示。入驻审核预计需要 1 ~ 3 个工作日。

图 2-38　填写营业执照信息　　　图 2-39　填写店铺运营人信息

店铺开通后，如何对店铺首页进行装修呢？

第一步，在 PC 端登录网页版小红书千帆，即商家管理后台。

第二步，找到左侧"店铺"，点击"首页装修"，新建首页页面。新建后，系统会提示为新建页面取名。

第三步，将需要的"内容组件"，拖动至"店铺页装修区域"。小红书的组件很丰富，完全可以满足商家的需求，但是需要注意：组件图片上传宽度不超过 750 像素，大小在 300 KB 以内；商品推荐有多种形式，每种最多 50 个单品，请提前选好品，否则货品多的话真会挑花眼。

（2）如何上架商品

以手机端操作为例，上架商品的步骤如下。

第一步，下载并打开小红书千帆 App。

第二步，登录账号，点击发布商品即可进入上架商品界面，如图 2-40 所示。

第三步，填写商品信息，点击"提交"即可，如图 2-41 所示。

图 2-40　在首页点击发布商品

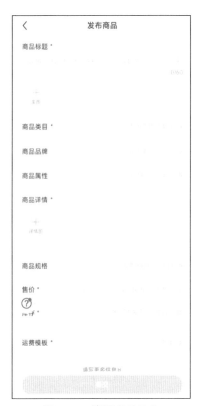

图 2-41　填写商品信息

在填写商品信息时，我们需要注意以下几点。

✦ 商品主图一般有两种尺寸：1∶1（≥800 像素 ×800 像素）、3∶4（≥750 像素 ×1000 像素）；格式 JPG、JPEG、PNG，大小在 3 MB 以内。

✦ 商品标题：不可出现与商品无关的信息，不可出现品牌名称（系统会根据商家发布商品时选择的品牌自动设定），不可出现引导、诱导性营销词（如跳楼价、假一赔十、点击购买、视频同款、明星推荐、秒杀等），不可出现极限词（如最、第一、唯一、国家级、顶级、全网、独家、销量冠军等）。

✦ 商品主图：图片背景简洁，除了品牌标志之外无任何文字信息，否则将无法正常售卖；仅支持 JPG、JPEG、PNG 格式，尺寸比为 1∶1 或 3∶4，大小在 3 MB 以内，可拖动调整主图顺序。

✦ 商品视频：选填。

✦ 商品类目：可直接选择或点击搜索。

上架商品审核通过后，主页就会显示店铺一栏，如图 2-42 所示。

图 2-42　主页上显示店铺

2.2.5　建立账号群聊

群聊相当于小红书上的社群，能增强账号主理人与用户的互动，为账号主理人提供了更多接触和影响用户的机会。一个活跃的群聊，相当于一个为粉丝提供交流、分享和学习的社群。那么，如何创建小红书群聊呢?

第一步，打开小红书 App，在底部找到"消息"，然后点击右上角的"群聊"，如图 2-43 所示。

第二步，选择"创建群聊"，如图 2-44 所示。

图 2-43　在"消息"中找到"群聊"

图 2-44　选择"创建群聊"

第三步，输入群聊名称，点击"公开展示"，这样主页上就会出现"群聊"标识，方便粉丝加入，如图 2-45 所示。

图 2-45　小红书创建群聊页面

群聊名称要与账号定位及业务紧密相关。例如，护肤博主的群聊名称可以是"科学护肤一起变美"，服装博主的群聊名称可以是"花仙子的衣橱"（对用户的昵称＋群功能）。

群聊创建成功后，账号主理人还可以对群名称、群介绍进行更新，对群公告、群管理进行设置，如图 2-46 所示。

为了吸引更多人加入群聊，账号主理人可以在发布笔记时依次点击"高级选项""关联群聊"；也可以打开某个群聊，点击"群招募"，再点击"关联历史笔记"，如图 2-47 所示，选择相应的笔记进行关联；还可以针对该群聊的招募发布专门的笔记，引导用户加入群聊，同时在评论区也做好引导和提示。

图 2-46　小红书群聊的聊天设置

图 2-47　小红书的群招募

　　账号主理人也可以利用小红书平台的活动机制，发起线上活动或抽奖，将群聊作为活动的一部分，通过一些福利品吸引用户加入群聊。

2.2.6　关联线下门店

　　有线下门店的商家、品牌认证企业号后，可以在账号主页标记线下门店的定位地址，以展示店面信息，如图 2-48 所示。这样有利于引导线上用户到线下门店消费或参加活动，从而增加线下门店的流量。

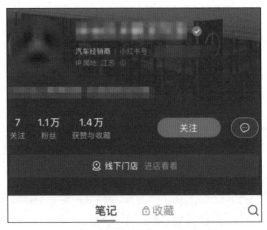

图 2-48　在账号主页标记线下门店

　　如何在账号主页创建线下门店标记呢？这需要在 PC 端进行操作。

　　第一步，企业专业号认证通过后，在 PC 端登录专业号平台。

第二步，选择营销工具—门店管理—关联门店—选择门店。

第三步，选择省、市、区，输入完整的店名，搜索并选择对应的门店。

第四步，填写资质信息（证明专业号主体和门店之间的关系）。

提交信息后，平台会在 1 ～ 2 个工作日完成审核。账号主理人可以在"门店管理—审核列表—关联申请"中查看对应门店的审核状态。如果通过审核，门店信息会默认展示在专业号主页；如果未通过审核，账号主理人可以查看具体的驳回原因，修改后重新提交。

做完以上六步，一个账号的搭建与主页装修就完成了。其中，除了店铺搭建和关联线下门店需要根据账号主理人的实际情况决定是否开通，其他步骤是任何一个账号都需要进行的。

2.3　内容生产：高效创作爆款

账号搭建完成后，就要开始生产内容了。内容质量决定了流量。在质量差不多的情况下，内容生产速度的快慢决定了获得流量的多寡。假设 A 账号三天才发一条内容，而 B 账号每天都发一条内容，那么 B 账号成长的速度、获取的流量、触及的用户数量就是 A 账号的很多倍。

那么，如何才能又快又好地做内容呢？我持续创作 8 年，写了 4 本书，一年做 300 条视频，靠的不是自律和毅力，而是一套内容生产系统，包括内容生产线、爆款选题库、万能文案框架、点睛文案技巧、高效拍摄剪辑方法及内容思维。这些大大提高了我创作内容的效率，以及出爆款的概率。

2.3.1　内容生产线

我做了 8 年自媒体，其中有 2 年多的时间都在做短视频，也孵化和"陪跑"了 300 多位知识 IP、创始人和商家做小红书并成功变现。基于这些实践，我总结了一套高效的短视频创作流程，如图 2-49 所示。如果账号主理人对待每一篇内容都能按照这个流程一步一步地做，那么既能缓解畏难情绪，又能提高创作效率。总之，做内容一定要学会用流程运转的力量对抗人性的懒惰与无常。

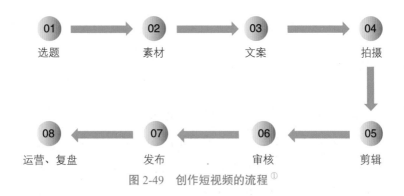

图 2-49　创作短视频的流程 [①]

---

① 注：素材和文案的顺序可以根据实际情况进行调整。

下面以我自己运营"厦九九"这个账号为例，一步一步展开讲解。

（1）选题

我对自己账号的计划是每周更新 5 ~ 7 篇笔记。所以，我会提前拟定一周要做的选题。如果账号主理人的时间精力有限，就可以招一名文案助理或请兼职文案人员，让他们每周提报 10 ~ 20 个选题。然后，账号主理人进行初步筛选，并讨论确定的选题和内容思路。

（2）素材

我在做选题时，一般已经收集了与该选题相关的部分素材，否则无法判断该选题是否值得做。但在真正写作时，我还是需要查找更充分的材料并消化吸收后才能输出。找素材的过程也是激发情绪、捋清思路、寻找观点、启发灵感的过程。如果账号主理人没时间收集素材，就可以交给助理或文案人员，或者求助于AI。

（3）文案

素材收集完后，我会仔细阅读，进行选、用、留，然后拟定切入点并构思文案和要点，最后集中时间写稿。

如果账号主理人不想自己写，也可以教会文案人员或助理常用的模板，让他们先写初稿，最后自己修改润色，将文案中的口吻变成自己常用的口吻。

如果想要更高效的方式，账号主理人可以根据选题直接用语音说，转成文字后交由文案人员或助理整理成初稿，然后自己修改；账号主理人也可以利用 AI 帮助自己写作初稿和修改润色文案。在写文案时，标题应该多拟几个，方便发布时筛选和优化。

（4）拍摄

文案写好后，就要开始录制视频、拍摄封面了。为了提高效率，我都是攒了多条内容一起拍，也会换不同的衣服一次性多拍几张封面照片。

如果账号主理人做的是 Vlog 或体验类的内容，就需要把文案拆成脚本；如果是口播，只需要备注哪句话应添加什么素材，哪些语句应用花字效果，哪个画面应做什么特效。这就涉及剪辑。

（5）剪辑

视频录制完，就可以交给剪辑师做剪辑。如果没有自己的剪辑师，那么账号主理人自己就是剪辑师。当然，账号主理人也可以把剪辑工作外包给剪辑公司。前提是剪辑公司要能懂账号主理人的要求，并且配合好。在前期，账号主理人需要和剪辑公司磨合一段时间，形成标准。

（6）审核

视频剪辑好后，我会审核内容，给出修改意见。这里会用到一个审核工具——分秒帧。剪辑师完成剪辑后上传到分秒帧，我可以直接在具体的几分几秒处备注修改意见，这样剪辑师修改起来也方便。

（7）发布

视频定稿后，剪辑师导出正片，做好封面，我就可以在小红书发布了。如果账号主理人想把自己的内容分发到全网，但自己又没有时间，就可以请助理进行分发。

（8）运营、复盘

视频发布后，账号主理人需要实时运营，回复账号评论、私信，做引流获客的动作，并对内容进行复盘分析。这些复盘经验又将影响账号主理人的选题策略，如此循环。

以上就是短视频的生产流程。如果是图文内容，就可以省掉拍摄、剪辑和审核的步骤，在保证文案质量的前提下，只需要按模板制作封面、起标题，就可以直接发布了。

2.3.2　爆款选题库

选题的质量决定了内容的流量。选题越好，流量就越好。一个 80 分的选题，文案只要 60 分也可能成为爆款；但一个没有多少人关心的选题，文案写到 80 分也可能数据惨淡。那么，如何寻找爆款选题呢？

（1）对标追踪法

选题来源可以对标竞品或同行账号，找到 5 ~ 10 个在行业内或相关行业做得非常好的账号对标。不要找差距特别大的，比如你是新手，可以对标拥有 5000 ~ 10000 个粉丝且比你早做几个月的账号，千万不要一上来就对标拥有百万粉丝的账号，这样你会很容易受挫。

浏览对标账号近 1 年的爆款笔记，筛选出点赞量高的，通过研究摸索爆款选题的规律，优化迭代自身选题，再根据互动数据分析爆款笔记的优势并借鉴学习。

研究点赞数高的笔记，可以知道什么内容是用户喜欢的；研究评论数高的笔记，可以知道什么内容会有很多人讨论；研究收藏数高的笔记，可以知道什么内容是用户认为有用的。

我建议定期浏览重点对标的账号，留意对方 3 天内的爆款选题。如果你也能驾驭这个选题，就可以跟着做。选题可以类似，但内容要有差异，表达自己独特的体验、观点和经验，或者在内容和形式上创新。

账号主理人不能盲目模仿对标账号的内容，更不要抄袭，平台会打击这种行为。参考对标账号的目的是启发思路、触发观点、激发灵感，记住不要本末倒置。

（2）热点选题法

热点选题法即从社会热点、热门文章或热点新闻中找选题，然后结合自己的产品或服务策划契合的内容。结合热点做选题是最容易产生爆款的方式，因为热点选题的认知成本较低、容易传播，对于账号主理人而言创作门槛低，用户也更容易点击观看。

热点通常分为时事型热点和周期型热点。

时事型热点的爆发力强、流量多，但具有不确定性。只要时事型热点一出现，创作者就要立马结合自身定位和领域做相关内容，否则热度就过了。另外，创作者也应注意，不要触碰涉政事件、负面事件、有争议的事件、自己还看不明白的事件，以及存在造谣风险的事件。

周期型热点包括节日节气、纪念日、大事件；还有特殊时节，如高考、求职季、毕业季、开学季等。以前我做营销策划时经常会用到一个工具，叫作营销日历。找选题也是一样，我们可以根据日历节点做选题策划，激发创作灵感。在什么时间，大家会关注什么，或者我们要提醒大家关注什么，都已经是文化传统约定俗成的。例如，在中秋节讲亲情，在国庆节讲爱国。我们可以想一想：在这些传统节假日，大家都比较关心什么？注意力在哪？我可以结合这个节日做些什么应景的主题？本质上，这也是一种蹭热度的方法。因为全民的注意力在哪，我们的注意力也要跟上。

那么，创作者应该从哪些渠道找当下的热点呢？

+ 各大自媒体平台的热榜或热搜，如微博的热搜、知乎热榜、搜狗微信的热门（微信公众号里的热门文章）、小红书的热搜、今日头条的热榜等。
+ 明星、影视剧、综艺节目。
+ 实时热点、突发性热点事件。
+ 公众号爆文标题。
+ 其他自媒体平台（如抖音、视频号、知乎）上同行的爆款或类似主题的爆款。

平台有很多，但一个一个地看就太费时间了。我向读者朋友推荐一个汇集了各大自媒体平台、信息资讯平台的聚合型网站——今日热榜（见图 2-50），上面汇集了全网热点。类似的还有即时热榜。

图 2-50　今日热榜

特别提醒，创作者在追热点时需要注意以下三点。

✦ 找对追的角度，凡事与自身领域关联。

✦ 注意热点的时效性，速度要快。

✦ 用自己的话表述事件，发表看法，给出建议、方法，而不是复制新闻。

（3）人群问题法

从目标人群的需求和痛点出发，他们关心什么、烦恼什么、困惑什么、想要了解什么，创作者就把他们想知道答案的问题都搜罗出来。

如果你不知道怎么做，就可以按以下三步走。

第一步，描述目标人群画像：性别、年龄、身份、职业、家庭状况。如果目标人群是和你一样的人，你就可以推己及人，你的痛点也就是目标人群的痛点。

第二步，如果目标人群和你不一样，就按照人群画像推导目标人群的痛点。

第三步，在各大平台搜索高赞、高热度问题，问题就是痛点、需求、选题。

（4）跨界迁移法

跨界迁移法是指在内容创作中将不同领域的知识、经验或观点进行融合和跨界运用的一种方法。这种方法通过将不同领域的热门内容模式嫁接到自己的领域，创造出新颖、有趣的内容，从而吸引更多用户关注。

例如，曾经有个很热门的句式"朋友说我 ×× 一般，但 ×× 绝了"，于是就有了"朋友说我长得一般，但戴上口罩绝了""朋友说我生娃前一般，但生娃后绝了"等主题内容。

还有其他句式，如"×× 丑，关我 ×× 什么事"，代入笔记中就是"上班丑，关我下班什么事""交房丑，关我装修后什么事""素颜丑，关我化妆什么事"等。可以看到，这个句式也适合迁移到不同的领域。

使用这些句式的案例，都可以在小红书上看到。你可以思考，这些句式模板有没有能套用在自己作品中的。

（5）其他获得选题灵感的途径

除了以上几种策划爆款选题的方法，我们还可以借助其他途径获取选题灵感。

+ 从粉丝留言中看大家关心什么。
+ 看其他爆款笔记的评论区，点赞数最高的评论就往往蕴含着创作灵感。
+ 套用跨行业优秀博主的选题。
+ 借鉴公众号爆文标题。

✦ 遇见的人和事（陌生人、客户、粉丝反馈、随时感悟）。

✦ 行业热点趋势、用户反馈、竞品动态等。

创作者要在平时持续积累选题和灵感，同时搭建自己的选题库，就能够拥有源源不断的爆款选题。建立选题库的具体方法如下。

✦ 利用在线文档建立选题库，如腾讯文档、石墨文档，定期梳理和更新，对已经使用过的选题打钩，没灵感时就来这里挑选。

✦ 利用手机备忘录或微信群，随时记录灵感和想法，每周汇总整理一次到选题库。

2.3.3　万能文案结构

文案是一切内容形式的母体。无论是视频，还是图文，都离不开重要的文案。有了选题和思路，如何将素材、想法组织成一篇优质的文案，就需要用到一些底层的逻辑结构。

账号主理人在创作内容时不知道如何下手，是因为没有谋篇布局的思路：开头怎样切入，如何引出主题；中间由哪几部分构成，以什么样的逻辑串联起来；最后怎样收尾。我总结了五个可以直接套用的结构，新手也能依葫芦画瓢加以运用。

结构 1：结论先行式

这个结构来自于经典的金字塔原理，如图 2-51 所示。

首先，将结论、观点、中心思想作为开头，吸引用户的注意力，让人快速了解内容重点。

结论
理由
实例
重申结论

图 2-51　结论先行式结构

然后，讲述得出这个结论的理由和具体事例，也就是论证这个结论，具体阐述自己的观点和见解。除了一般的叙述，最好加入客观事实和数据，让内容更丰富、翔实，也更有说服力。在描述具体事例时，尽量加入一些细节和场景化的描写，这样更能传达真实性，引发共情，达到说服读者的目的。

最后，总结全文，重申结论或发出呼吁。

以我曾经写过的一篇爆款文案为例。

一个人的懒惰里，藏着低层次的认知。对正确的事懒惰，本质上是你对这件事的认知还不到位！ **结论**

我们都听过，读书和健身是这个世界上稳赚不赔的事情。过去 6 年，我因为坚持这两件事，人生发生了巨大的翻转。同样是坚持做这两件事，有的人无论如何都没法坚持。无论你讲这件事多好、多值得去做，他们只会笑笑说："道理我都懂，就是懒。"

但仔细深究，懒的背后是什么？懒是人类的天性啊，同样一个道理，为什么有人知道了就能行动？是他们天生就不懒吗？

你不是懒，而是认知不够！

先别急着反驳我，如果一个人面对好事却纹丝不动，原因有两个：要么是你并没有真懂这件事的好处，要么是你并不认为它能指向你想要的结果。而这些都受限于你的认知能力和认知水平。

理由

举个例子你就明白了。假如有人给你开价1000万元，让你做这些事情：每天从早上7点认真工作到晚上9点，睡觉前还要阅读和思考2个小时。只要你坚持5年，就把这1000万元给你。你觉得自己做得到吗？

但假如现在并不提前和你敲定这1000万元的合约，只是告诉你一个道理：你这么做一定稳赚很多很多钱。你还愿意每天坚持做这些事吗？

如果你愿意，那么恭喜你，你是极少数的人。

实例

在没有明确时间和可衡量的利益时，很多人看不到一件事长远的价值和好处，无论多少人告诉他这件事稳赚不赔、受益终身，他也觉得对，但在他的认知里依然觉得不可信、不真实且模糊。当回报在人们看来不存在或不明显时，他们的动力自然就不足了，自然表现出懒。

但在另一些人看来，未来的回报却清晰可见，于是他们选择努力和坚持。所以，有人为了提升自我，每天坚持读书写作；有人为了身体健康，每天坚持锻炼；有人为了掌握一门手艺，愿意花10年的时间练习。

不要再拿懒当借口了！这恰恰体现在认知上，你跟别人是有差距的。对某件具体的事情是否表现出行为上的懒惰，取决于你对该事的认知是否到位。

重申
结论

有时候为了说明某个结论，需要用多个分论点来阐述。而每一个分论点又可以套用结论先行式结构，就变成了结论先行式结构的进阶版，如图 2-52 所示。

结论
分论点 1（理由 + 实例）
分论点 2（理由 + 实例）
分论点 3（理由 + 实例）
结论

图 2-52　结论先行式结构（进阶）

开篇抛出结论；接着给出三个分论点，每个分论点提供支撑该分论点的理由和实例；最后重申结论，并呼吁行动。

结论先行式结构本质上就是总分总的万能结构，主旨突出、行文简单、逻辑性强。知识、观点类口播和图文笔记经常用这个结构。如果你想表达一个主张，传递某个观点，并且让人信服，那么用这个结构就对了。

结构 2：问题解决型

这个结构如图 2-53 所示。

首先，提出问题，描述痛点、现状和烦恼，引出主题；然后，分析造成这个问题的原因（如果原因不是重点，也可以略写或不写）；接着，提出解决问题的方案（这部分

提出问题，描述痛点
分析造成问题的原因
提出解决方案
强调意义，呼吁行动（变化、好处）

图 2-53　问题解决型结构

要重点详细讲述）；最后，描述解决问题后的变化和好处，强调意义，呼吁行动。

如果选题是针对某个痛点问题提供解决方法，就用问题解决型结构。这也是营销文案常用的结构，结尾会强调采用该解决方案（产品或服务）带来的变化和好处，从而促进购买。

下面以我写的一篇"种草"《5 小时吃透小红书》的爆款文案为例进行说明。

你相不相信，只用 2 个月的时间，你就能从素人转变成一名优质博主。我"陪跑"了 5000 多个账号，他们平均起号的时间不长，2 个月足矣。接下来，我会花 2 分钟告诉你，如果给你 2 个月，如何从 0 到 1 做一个优质账号。

记住这串数字——117771。

第一个"1"是指在第一周内完成你的账号定位与策划。你的身份定位、价值定位、变现定位……六要素都需要在第一周内尽最大努力想清楚。我知道你可能想不清楚，所以给你一周时间，你需要每天大量看内容、看账号。记住是带着创作者的视角，而不是普通用户的视角，去看有哪一个或哪几个账号是你也想做成那样的，然后梳理你的六要素。

第二个"1"是指花一天时间搭建你的账号。完成"五件套"……

第一个"7"是指 7 天提升选题能力。绝大部分内容不受欢迎都是因为选题差。学会下笨功夫，才会有巧劲。每天看 2 小时小红书，只看爆款，培养网感，记录你也能做的选题，思考你的独特切入点。你还可以通过我书里的 4 种方法训练选题能力。

第二个"7"是指 7 天训练文案能力。从拆解、模仿到原创，任何一个步骤做到位，你都不屑于抄袭、洗稿。每天拉片一条爆款，一句一句分析，一段一段提炼中心思想，学开头角度和句式，借鉴框架结构。我的新书《5 小时吃透小红书》也替你们总结了 3 种文案模板。

第三个"7"是指 7 天优化你的封面和标题。再好的选题和文案都会败于毫无吸引力的封面。优化你的封面排版，使画面整洁美观、标题醒目勾人，流量自然会上来。

第三个"1"是指一个月持续更新。尽最大努力保持日更，30 天后你会看到不一样的自己。这份起号指南收藏起来，照着做，期待 2 个月后你来评论区报喜。更多做号实操干货，都在屏幕下方我的这本《5 小时吃透小红书》里。关注厦九九，涨粉变现都长久。

要注意的是，使用这个结构的关键在于痛点问题要找得准，要是目标人群关心的、想解决的痛点，这样才会有更多流量。文案开头除了提问题，描述痛点（一定要写得具体、可感知，引起大家的共鸣），还可以直接点明好处和利益。

结构 3：清单体

清单体本质上也是总分总的结构，只不过是将内容分解成简短的清单罗列出来，易于理解和记忆，如图 2-54 所示。

开场引入主题
清单 1
清单 2
清单 3
……
结束语

图 2-54　清单体结构

下面这篇我以前写的爆款文案"IP 自省清单"就采用了清单体。

想知道你有没有做个人 IP 的潜力，就每天问自己这 10 个问题。如果 30 天下来你 80% 的答案都是正向的，那么你极有可能成为下一个超级 IP。IP 年入百万元很简单，素人年入 20 万元都难，区别就在于你的思维与行动。我把这 10 个问题叫作 IP 自省清单。坚持自省，你会飞速成长！

① 我是在盲目追求流量，还是在扎根升级自己？

② 我的时间很有限，哪些事可以不做，哪些事必须做？

③ 今天我做了什么事，让自己变得更好、更贵？

④ 今天我分享了干货，还是信心、希望、力量和欢喜？

⑤ 我影响过的人，该如何持续创造新连接？

⑥ 我做的成功案例，如何能影响和吸引新老客户？

⑦ 今天的时间去哪了，关键结果是什么？

⑧ 今天我感谢了谁，他的感受是什么？

⑨ 今天我在解决问题，还是在拖延、逃避？

⑩ 我是在间歇性行动，还是在持续性努力？

怎么样？想做 IP 的你能经得住几个问题？其实，即使不做个人 IP，针对这些问题每日自省，你也能明确目标、回到正道，成长，成事。

结构 4：故事体

做内容离不开讲故事。人人都喜欢听故事，故事比道理和事实更打动人心，也更容易让人记住。会讲故事对于账号主理人太重要了。

什么是故事？肯德尔·海文在《故事：惊人力量背后的科学》中下了一个定义：故事是关于主人公战胜困难，实现伟大目标的描述。所以，故事一定要有变化、起伏和冲突。

下面分三种情况介绍三种故事体的结构。

（1）日常故事

小说家许哲荣在《小说课》中讲了"7 个问题法"，即回答完以下 7 个问题就能讲一个完整的故事，并且有开头、有结尾、有冲突、有转折。

① 主人公的"目标"是什么？

② 他的"阻碍"是什么？

③ 他如何"努力"？

④ "结果"如何？（通常是不好的结果、伴随着观念的转变）

⑤ 有什么"意外"或"转机"可以改变这一切吗？

⑥ 意外发生，情节如何"转弯"？

⑦ 最后的"结局"是什么？（通常是好的）

简化后就是"目标—阻碍—努力—结果—意外 / 转机—转弯—结局"。在新媒体文案中，讲故事是为了表明观点和主张，给人启发或帮助人们找到答案。我根据使用场景对"7 个问题法"进行简化和迭代，总结提炼了一个故事体的结构，如图 2-55

| 开端（低谷、阻碍） |
| 转机（意外、转折） |
| 成长（改变、进化） |
| 未来（启示、答案） |

图 2-55　故事体结构

所示。

好看的故事有一个定律，叫"低开高走"。在故事的开端，主人公往往都处在低谷期，面临一些困境，生活很不理想，甚至很糟糕。他的理想、目标因为某些阻碍而无法实现。然后出现意外或转机，主人公借助这个意外或转机做了某些努力，在这个过程中有了某些成长和变化。最后结局如何？主人公学会了什么、得到了什么？未来会怎么样？例如，主人公最终实现了目标和梦想、获得了某些启示，又或者找到了某个困惑已久的问题的答案，未来会去做某事。

当你想讲述自己或他人的一段经历，或者通过某个故事告诉别人某个道理、传递某种思想时，就可以用这个故事模板。在文案中穿插一个小故事，或者口播讲故事都适用。

（2）个人品牌故事

如果你想讲一个相对复杂且很正式的故事，比如个人品牌故事，囊括了整个人生经历，可以运用《千面英雄》的"英雄之旅"模板。

"英雄之旅"是美国神话学家约瑟夫·坎贝尔提出的。他发现几乎所有的故事都遵循这样一个模式：主人公原本在自己平凡的世界里活得好好的，但后来有个触发事件打破了他的平衡，他不得不冒险进入未知领域；在这个新的世界里，他面临新的挑战，结识了新的盟友，遇到了新的导师，最终经过种种磨难取得了胜利，实现了转变，重新回到平凡的世界，成为一个不同的自己。

从《特修斯》到《狮子王》，从《西游记》到《星球大战》，许多经典作品都遵循这个模式。

"英雄之旅"分为三大阶段，即启程（背景）、启蒙（挑战）和归来（解决方案）。其中每个阶段又继续细分，总共 12 个步骤，如图 2-56 所示。像表盘一样顺时针走一遍，就成了一套完整的"英雄之旅"。当英雄穿越世界时，他们将在旅程的每个阶段经历内在和外在的转变。这也是故事所要讲述和呈现的。

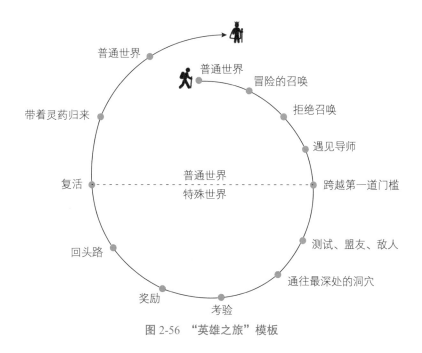

图 2-56 "英雄之旅"模板

（3）用户故事

如果是讲用户故事，可以用《你的顾客需要一个好故事》这本书里的 SB7 模型。用户是主角，你是向导，产品是神兵利器，整个故事的逻辑如下：

① 一个人物（顾客）；

② 遭遇了一个问题；

③ 遇到了一位向导（你或你的团队）；

④ 向导给他提供了一套方案；

⑤ 召唤他采取行动；

⑥ 帮助他避免失败；

⑦ 最终让他获得成功。

结构 5：短视频文案框架

短视频文案比图文文案的要求更高，需要在更短的时间内吸引观众的注意力。这就要求开场有吸引力，内容的信息密度更高、信息量更大，文案更加简洁有力。于是，我额外总结了一个短视频文案的万能结构：抓人的开头 + 密度高、信息量大且有价值的正文 + 结尾升华。

抓人的开头是为了抓住用户的注意力，留住用户往下看。常用的手法：亮点前置，价值先行；开门见山，直击重点；设置悬念，引人入胜。

密度高、信息量大且有价值的正文是为了提升完播率，让用户的停留时间长。没什么含金量、价值感不大、行文拖沓、信息密度太低的内容，跳出率[1] 会很高。

---

[1] 即未阅读完、播放完就退出的总次数在播放量中的占比。

正文部分集中释放核心价值。围绕主题展开讲述 2 ~ 5 个子主题或要点，让观众在短短的几分钟里获得充足的信息，有获得感。子主题之间要有逻辑、有条理。注意节奏感，不要太拖沓，语言要精练。在具体讲解知识点时，要结合用户熟悉的事物讲解，并且多举例，多讲故事，适时引导用户转发、点赞、评论。

结尾升华主题，强调价值，是为了重申核心立意和主旨。这里往往会用金句、美文激发观众的共鸣和认同感，提高互动转化。同时，结尾应引导用户关注、点赞、评论，并搭配个性化的口号。

具体的结构如图 2-57 所示。

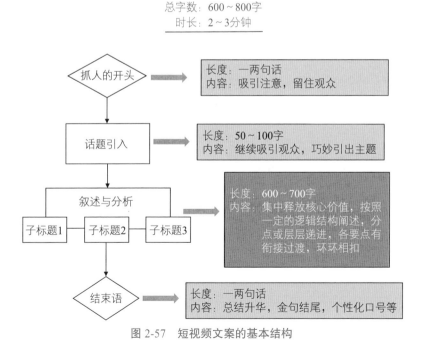

图 2-57　短视频文案的基本结构

了解了短视频文案的整体结构，账号主理人在具体写稿时还需要注意以下六点。

（1）开门见山，快速切入正题

开头设计一两句话吸引住人，然后直接开始讲重点。不要冗长的前奏和铺垫，开头过于啰嗦会让粉丝过早关闭视频，从而影响后续的推荐。

（2）内容编排要紧凑，信息密度要适中

充分利用视频的每一秒，保证一定的信息密度，让用户有价值感和获得感。但是，如果前期经验不足，宁可做信息密度高的视频，也不要做信息密度低的"水视频"。"水"是指说很多空话、套话，言之无物。

（3）说"大家听得懂的话"

短视频文案要口语化，把知识和观点讲清楚、讲明白。遇到专有名词，一定要马上做出解释。在讲明白的基础上，再追求生动和个性化的解说，如加入故事、段子，增强个人表现力等。

（4）确保每一句文案的真实性

如果对观点或数据没有特别大的把握，就不要用确定的口吻写入文案，或者查证后再写入；不要发布虚假不实、错误的信息。

（5）保持原创，不要抄袭，不要洗稿

抄袭可耻，洗稿也可耻。洗稿即大段抄袭、改写别人的原创文案。平台对抄袭、洗稿行为的审查很严。如果这么做，账号迟早会收到违规提醒，并且内容也不会被推荐。如果账号一再违规，还会受到相应的处罚。

（6）设计一句个性化的话术，重复出现

在短视频的结尾设计一段展现定位或价值观并引导关注的话术，如"关注厦九九，涨粉变现都长久"。

> 总而言之，结论先行式结构最有说服力，适合讲观点；问题解决型结构最实用，适合分享干货；清单体最简单，适合各种题材；故事体最能打动人，适合讲各种故事；短视频文案框架适合大多数视频文案，尤其是知识口播。在实际创作中，我们需要根据内容灵活运用适合的结构。平时看到爆款内容，我们也可以用这五个结构去拆解、分析，然后模仿、创新。
>
> 写文案是一门手艺活，离不开刻意练习。只要遵循这些结构，不断写，不断修改，这些结构就会潜移默化变成我们的思维模式，写文案也会越来越高效。

2.3.4　点睛文案技巧

如果在文案创作上有什么四两拨千斤的方法，那一定是写好文案的开头、结尾和画龙点睛的金句。下面分享一些我经常使用的写开头、结尾和金句的有效技巧。

9 个吸引人的开头技巧

（1）提问题

开头提一个吸引人的问题，可以是与目标用户有关但用户没想过的问题，吸引用户注意；也可以是目标用户非常关心但没有答案的痛点问题，引发用户共鸣；还可以是让人好奇、有悬念的问题，让用户产生好奇心。

"怎么提高说话时的瞬时反应能力？首先问大家一个问题，你觉得自己为什么说话反应慢？把答案打在弹幕上。我猜有人会说因为我脑子反应慢，因为肚子里没货，因为表达能力差。这些都对，但也不全对。说话反应慢，首先是我们思考得慢，其次才是有没有料的问题。今天分享 5 个人人都能学会的说话方法。"

（2）做对比

将结果、境遇、收入、年龄等差距很大的两个事物做对比，形成强烈的冲突，激发用户的好奇心。

"他的照片被同学吐口水，名声臭到母校都要把他的照片从荣誉墙上撤下，可他却是救了 7 名同学的英雄……"

（3）上价值

一开头就把这期内容的价值和含金量展现出来，向观众说明这个内容为什么值得看，看完会有什么收获和好处。

"过去两个月，我给 100 多人做过小红书账号诊断，总结了 3 个新手做小红书最容易犯的错误。这些弯路，你千万别再走，尤其是最后一点。先点赞收藏，免得找不到。"

（4）亮观点

直接用一个观点和结论做开头。这个观点要新颖、稀缺、反常识，才能引起观众的兴趣。

"'道理我都懂，就是懒。'你不是懒，是认知不够！一个人的懒惰里藏着低层次的认知。对正确的事情懒，本质上是你对这件事的认知还不到位！"

开头的一句话观点也可以是一个金句，如"选题质量决定流量""封面做得好，流量少不了"。

（5）设悬念

开头就设置悬念，说一部分，留一部分，吸引人继续往下看。

"她曾是无数人心中的白月光，却曾有 10 年时间从大众视野中消失，她到底经历了什么？又是什么让她在 10 年之后重返娱乐圈？在近半百的年纪，凭借一张精致马甲线的照片刷爆朋友圈……"

（6）讲故事

直接讲故事或经历，截取最有看点、最特别、最稀缺的部分。

"昨天刚给学员转账了 10 万多元，这是他 10 月的自媒体收益。想知道他是怎么做到的吗？这位学员以前做销售，一个月工资 5000 多元，现在在老家一边带娃，一边做自媒体，已经连续两年年入百万元。我说这件事是想聊一个话题：2024 年自媒体还有没有机会？"

（7）描现状

描述用户的现状，这些现状往往是一些负面的、令人不满或想改变的，能瞬间让人产生代入感和共鸣感，让用户感觉与自己有关、对自己有用。

"你是不是还在纠结剪辑视频太麻烦？剪辑一条视频要花好几个小时！今天教大家用 2 个工具 3 招快速剪辑视频的方法，10 分钟高效出片。"

还有一种描述现状的方式是做假设。

"如果你用心做的内容，小眼睛数量从来不破千，八成是你的封面打开率太低！下面手把手教你 1 分钟做一个爆款封面。"

（8）用情绪

用带有强烈情绪的词语和语气开头，表达你的感受。这种情绪可以是挑衅，也可以是震惊、愤怒或惊恐。

"看了《长津湖》，我后悔了！我是冲着这段悲壮的英雄历史，以及易烊千玺和一票老戏骨去的，但我后悔了！因为受不了从头到尾揪着心的感觉，特别是……"

（9）列看点

高密度、有看点的信息罗列和堆叠，让人根本没机会滑走。这对素材的选择和看点的提炼有一定的要求。例如，罗列一系列通过自律获得的亮眼成果，成功吸引用户并引出主题。

"给你 90 天可以改变什么？我曾用 90 天读完 30 本书，从而走出人生低谷；我曾用 90 天，每天锻炼一小时，从产后 112 斤瘦到 92 斤；用 90 天日更自媒体，从颗粒无收到月入过万元；用 90 天写完一本书，上市即热销，连续印刷 18 次。过去的 1300 多天，我平均每天读书、写作 2 小时以上，并带领 3 万多人开启个人成长与自媒体变现之路。距离今年结束还剩 90 天，敢不敢和我一起用 90 天彻底改变自己？"

9 种有力的结尾技巧

（1）总结型

结尾总结全文，强调核心要点或观点。

"好了，总结一下，读书的变现方式包括免费看书、流量变现、图书带货变现、广告变现、荐书稿稿费、拆书稿稿费。随着能力提升，一层层升级通关，收入越来越好。"

（2）升华型

在结尾处强调立意，拔高价值，升华主题。所谓升华，就是往上拔高，从对一件具体事情的感受，上升到抽象的精神或观念。例如，《我是演说家》中冉高鸣的一段演讲是这样结尾的：

"今天我已经摆脱了肥胖的躯壳，减掉了 70 多斤的肉。我收紧的不仅仅是我的三围，更是我曾经失控的心。我也懂得只有自控才能控制体重，拥有自控力才能控制人生。"

从减肥收紧了三围到收紧曾经失控的心，从自控体重到拥有自控力才能控制人生，这就是升华。

升华型结尾往往与金句结合使用。

（3）金句型

结尾时如果能写一两句与主题相关的金句箴言，就能增加意境和文采，让人意犹未尽、印象深刻。

"人生就该大闹一场，世界是我们的游乐场，去体验丰盛、体验匮乏，体验失败，体验成功，体验形形色色、世间百态。因为终点都一样，过程最重要，尽情体验就好，无惧无畏。你，就是你的目的。"

如果能自己原创金句，那最好；如果不能，积累一些名言金句用在结尾提升气势也是很好的。

"法国小说家马塞尔·普鲁斯特说过：'真正的探索之旅，并不在于发现新的景色，而在于拥有新的眼光。'而这个新眼光，我更愿意称为新认知。"

（4）互动型

结尾提出问题，引导评论互动，既是一种结尾方式，也能增加内容互动率。

"希望你和我一起来打卡，一起见证100天之后全新的自己。"

（5）励志型

在结尾写上一段励志、向上、正能量的话，可以抒发感情，鼓舞用户的斗志。

"只要不放弃、不停步，所有人都能争得自己的光荣与梦想，所有努力过的事情都会有美好的结果。"

（6）感召型

呼吁和感召行动，传递积极正能量。例如，在一篇题为"普通人通往成功的捷径：找到你的天赋热情，过顺应天赋的人生"的文章中，结尾是这样写的：

"拿着你的发现（对天赋的发现）大胆去尝试。当你不给自己设限，生活就会充满无限可能。如果你能在琐碎日常中留一点心眼，发现自己的天分和潜力，你会发现人生的新可能以及新活法。"

（7）祝愿型

结尾展望未来，送上美好祝愿，给人鼓励和希望。典型的表达就是"愿我们……"

"愿我们无论什么年纪，都能主动生活，觉醒人生。别去追逐别人口中的所谓优秀、自律，而是努力自洽。内心自洽地活着，才是幸福的开始。愿我们都能学会自洽，拥有健康、简单、快乐的生活。"

（8）观点型

结尾强调和升级观点，引发观众的共鸣和认同，适合观点类的内容。

"内啡肽是登顶后一览众山小的喜悦。多巴胺是在山底晒晒太阳、吃吃零食的快乐。两种快乐，你选择哪一种？真正高级的、持久的快乐要付出艰苦的努力。"

（9）预告型

结尾预告下一期即将分享的主题，吸引感兴趣的人关注。

"以上写金句的方法，你学会了吗？真正的努力不仅在于尽可能地坚持，更在于懂得研究规律和方法。更多金句模板和写作干货，我在后面接着讲。"

以上 9 种结尾方式也经常叠加在一起使用。

例如，金句型和祝愿型叠加。

"每个人都有自己盛开的季节和时区，不怕你大器晚成，就怕你急功近利。千古奇人鬼谷子有个三才理论，把人才分为三等：常才急于求成，良才大器晚成，高才浑然天成。愿我们都能耐得住寂寞，扛得住时间的锤炼，成为大器晚成的良才。"

又如，感召型和互动型叠加。

"趁早明白，你自己不努力，谁也给不了你想要的生活。都2024 年了，给自己一个机会，彻底坚持一次，用一年时间换几十年自信自律且快乐的自己！你愿意来吗？"

还有观点型和金句型叠加、总结型和预告型叠加，都可以自由组合。

9 个金句模板

想要文案好，金句少不了。我们读完一篇文章或一本书，看完一个视频或一部电影，能让我们记住并传播的，往往就是其中一两句金句。金句短小精悍，通常浓缩了深刻的道理或观点，一语中的，戳中要害，引发大家的强烈共鸣，给人带来启发和思考。金句的句式工整连贯，读起来朗朗上口，节奏感比较强。

虽然金句的诞生需要有独到的洞见、鲜明的主张、深刻的道理，以及可遇不可求的灵感，但是即使没有这些，我们只要学会一些基本的金句句式，也能立马上手写金句，让普通的一句话变得很有"金句感"。

原创金句＝熟悉的名言金句（句式）＋改变关键词（立意）

其中最核心的是学会底层的金句句式和逻辑，然后根据要表达的意思仿照句式替换关键词，我们就能写出自己的专属金句。

我总结了以下 9 个经典的金句模板，你看完就会恍然大悟，原来金句都有套路。

（1）ABBA 式

一句话分成两句来写，两个分句的句式相同，有两个核心词语重复出现，在前后两个半句中语序颠倒。这样含义也发生了变化，能够让读者感到眼前一亮，既有巧妙的韵律美，又含有哲思的意味，让句子的内涵得到了升华。

- 没有任何道路（A）可以通往真诚（B），真诚（B）本身就是道路（A）。
- 当我们在凝视（A）深渊（B）时，深渊（B）也在凝视（A）我们。

如何写出 ABBA 型的金句呢？我总结了四个方法。

方法一：重新定义结论和观点。

为大众对一件事物的普遍认知赋予新意，甚至颠覆认知的含义。

- ✦ 选择（A）是一时的<u>人生（B）</u>，但<u>人生（B）</u>是永恒的<u>选择（A）</u>。
- ✦ 哪有什么带<u>刺（A）</u>的<u>玫瑰（B）</u>，<u>玫瑰（B）</u>本来就是<u>刺（A）</u>。

为了便于理解和使用，我们以"没有什么<u>利益（A）</u>可以换得<u>人际关系（B）</u>，<u>人际关系（B）</u>本来就是<u>利益（A）</u>互换"为例，拆解写作方法。

第一步，罗列关键词。根据想表达的某个观点，列出两个关键主题词，如人际关系和利益。

第二步，各自成句。把两个关键词联想到一起，思考二者的关系，分别造两个句子。一个人际关系在前、利益在后，另一个利益在前、人际关系在后，就有了"人际关系其实就是利益互换"和"利益可以换得人际关系"。我们从中可以看出两句话是你中有我、我中有你，二者相互联系。

第三步，整合句子。借助熟悉的句式"没有任何<u>道路（A）</u>可以通向<u>真诚（B）</u>，<u>真诚（B）</u>本身就是<u>道路（A）</u>"，替换关键词就变成了"没有什么<u>利益（A）</u>可以换得<u>人际关系（B）</u>，<u>人际关系（B）</u>本来就是<u>利益（A）</u>互换"。前后两个分句的意思出现反转，重新定义了人际关系的意义，给出新的结论和观点，韵味和意境一下就升华了。

方法二：改变从属关系。

可以改变前后两个主体的从属关系。

+ 大自然（A）从不属于人类（B），而人类（B）永远属于大自然（A）。

+ 孩子（A）从来不属于父母（B），但父母（B）永远属于孩子（A）。

方法三：转换主被动关系。

找出常见的主动和被动关系的搭配，然后变换行为的施加对象，就可以得到一个 ABBA 式金句。

例如，"当你凝视深渊时，深渊也在凝视你。"前半句是主动句——凝视深渊，后半句则是被动句——被深渊凝视。

再如，"我们之所以这么拼，不是为了被世界看见，而是想看见整个世界。"前半句是被动句，后半句是主动句，同时也叠加了一个关联词组"不是……而是……"。

像这样主被动关系切换的金句还有很多。例如，林语堂老先生有句名言："人生在世，还不是有时笑笑人家，有时给人家笑笑。"这里的"笑人家"和"给人家笑"也是一对主被动关系，看似云淡风轻，其实包含着人生哲理。

方法四：前后反义词。

这个方法也就是让前半句和后半句的意思完全相反。

✦ 不用把童话（A）当成现实（B），但可以在现实（B）中
创造童话（A）。

✦ 我以为等待（A）可以收获爱情（B），没想到错过爱情
（B）恰恰是因为等待（A）。

（2）ABAC 式

这种类型的金句是前后两个分句只重复一个关键词，通常是
名字或动词，和这个关键词搭配的词前后发生变化。总体上，前
后两个分句之间可以是并列关系、递进关系或否定关系，也可以
是重新定义某个观点。

✦ 不在乎（A）天长地久（B），只在乎（A）曾经拥有
（C）。(否定关系)

✦ 知识（A）不是真理（B）摆在那里，知识（A）是人相信
为真的东西（C）。(重新定义)

（3）A 是 B

这种句型很简单，就是下结论，给出新观点、新认知，或强
调新的意义与价值。

例如，"所谓高情商，就是舒服地做自己。"在传统定义中，
高情商是要让别人开心、舒服，但其实高情商是"舒服地做自
己"。这就是一个新观点。

再如，"商业是最大的慈善。"大家会觉得商业和慈善是对立
的，而这句话就颠覆了大家的常识。

其他更多"A 是 B"的金句案例如下。

+ 让自己变得更好，<u>是</u>解决一切问题的关键。
+ 预测未来最好的方式，就<u>是</u>创造它。
+ 世间所有的内向，<u>都是</u>聊错了对象。

（4）不是 A，而（只）是 B

这个句式是"A 是 B"的变体，底层逻辑依然是重新定义一个观点，表达自己的看法。

+ <u>不是</u>善良的人决定做好事，<u>而是</u>一个普通人在经历了一些事情后决定变得善良。
+ 我<u>不是</u>天生强大，我<u>只是</u>天生要强。

（5）重复字词式

重复让人感到熟悉，有安全感；变化让人有新鲜感。如果把重复和变化合二为一，就会产生熟悉又新鲜的奇妙反应。很多金句就是利用个别字词的<u>重复</u>，加上句子的丰富变化，在表达深意的同时又有音韵之美，因而朗朗上口，很值得玩味。

+ 表面上我们一团和<u>气</u>，还不是背后我一身底<u>气</u>。
+ 世界上最好的<u>套路</u>，就是顺<u>路</u>。
+ 经历了很多酸<u>楚</u>，是为了把世界看得更清<u>楚</u>。
+ 将所有的一言难<u>尽</u>，全部一饮而<u>尽</u>。

写这类金句的方法很简单，就是根据语句的意思重复某个字词。其实就是找意思相近、相反或完全不相关但词根相同的词。具体方法如下。

第一步，先提取一个关键词。

第二步，思考这个关键词的近义词、反义词或头尾有相同字的词（词根重复）。

第三步，将两个词联系起来思考，结合你想表达的观点、思想进行造句。

✦ <u>自律</u>给我<u>自由</u>。

✦ 你有多大<u>成色</u>，世界才会给你多大<u>脸色</u>。

✦ 去<u>征服</u>所有<u>不服</u>。

✦ 你可以<u>坚强</u>，但不必<u>逞强</u>。

（6）押韵式

押韵是指前后两个分句，每句最后一个字的韵母都是一样的。找押韵的字可以在搜索引擎里搜索"跟×押韵的字"。例如，跟"路"押韵的字。

✦ 在暗处执着<u>生长</u>，终有一日馥郁<u>传香</u>。[1]

✦ 走过一些<u>弯路</u>，也好过原地<u>踏步</u>。

✦ 所有你看到的<u>惊艳</u>，都是背后平凡的<u>历练</u>。

✦ 我不怕陷入<u>深渊</u>，我只怕无人<u>声援</u>。

---

[1] 摘自《在别人看不见的地方自律，成功离你更近》。

✦ 愿十年后，我还给你倒<u>酒</u>，我们还是老<u>友</u>。

（7）对比反差式

这类金句前后形成强烈的对比，表达深刻的含义。

✦ 重要的决定<u>越来越多</u>，可以给你出主意的人却<u>越来越少</u>。

✦ 结局<u>美好的事</u>，往往都有个<u>烂开始</u>。

如果对比反差之外还能押韵，效果更佳。

✦ 问我多少岁，不如问我走过多少风雨和山水。[①]

✦ 你的美貌不如你的热闹。

有些金句还将对比<u>反</u>差和词根重复相结合。

✦ 假话<u>全不说</u>，真话<u>不全说</u>。

✦ 一杯敬<u>过去</u>，一杯敬<u>过不去</u>。

（8）修辞式

很多金句都运用了修辞手法，让人眼前一亮，印象深刻。常见的修辞包括比喻、排比、反复、对偶、顶针。

➤ 比喻

✦ 每个人都是一条河流，每条河都有自己的方向。

✦ 想法是条大鱼，又光又贼，你得下手快。

---

① 引自综艺节目《女人 30+》。

➢ 排比、反复

排比是将结构相同或相似、意思密切相关、语气一致的词语或语句进行成串的排列。例如，"于高山之巅，方见大河奔涌；于群山之巅，更觉长风浩荡。"

反复是为了强调某种意思，突出某种情感，特意重复使用某些词语、语句。这两种修辞通常叠加在一起使用。例如，"我生来就是高山而非溪流，我欲于群峰之巅俯视平庸的沟壑；我生来就是人杰而非草芥，我站在伟人之肩藐视卑微的懦夫！"这句不仅用了排比，还用了反复与对比。

➢ 对偶

结构相同或基本相同、字数相等、意义密切相连的两个短语或语句对称地排列在一起。

✦ 改不了加班的命，就善待加班的胃。

✦ 这世上，有一条路不能选择，那就是放弃的路；有一条路不能拒绝，那就是成长的路。

➢ 顶针

有许多经典名言都是顶针句式。

✦ 一生二，二生三，三生万物。

✦ 地法天，天法道，道法自然。

（9）利用关联词造句

借助关联词造句也是写金句的常用手法，前后两个分句可以是并列、递进、转折等关系。下面总结了常用的十几种句式。

① 有多……就有多……

✦ 心有多大，舞台就有多大。

② 没有……都 / 只有……

✦ 人生没有白走的路，每一步都算数。

✦ 没有横空出世的运气，只有不为人知的努力。

③ 就算……也……

✦ 就算人生曲折，也要挺直脊梁。

✦ 就算星河流转，也不及你眼中波澜。

④ 既然……就……

✦ 既然有能力开始，就该将潜能发挥到极致。

✦ 既然成见不会改变，就让我们亲自打破。

⑤ 所有……都……

✦ 所有的光芒，都需要时间才能被看到。

✦ 世间所有美好的事，都值得花时间慢慢来。

⑥ 与其……不如……

✦ 与其在别处仰望，不如在这里守望。

✦ 与其在原地回忆惊天动地，不如出发再次去经历。

⑦ 只要……就……

✦ 只要用心，天下就没有陌生人。

✦ 只要梦想不灭，就能在这里打开新世界。

⑧ 有人……有人……

✦ 有人要买包才能活下去，有人吃饱饭就能活下去。

✦ 有些人带着天赋出生，有些人靠着汗水死撑。

⑨ 每个……背后，都……

✦ 每一声妈妈背后，都是责任。

✦ 每个毫不费力的瞬间，都是背后日复一日的历练。

⑩ 比起……更……

✦ 比起孩子不学习，我们更担心大人不玩耍。

✦ 比起失败，我更害怕赢。

⑪ 没有……只有……

✦ 没有永远的朋友，没有永远的敌人，只有永远的利益。

⑫ 哪有……只……

✦ 哪有一夜成名，只不过是百炼成钢。

✦ 哪有什么天生如此，只是我们每天坚持。

⑬ 我……但我更……

+ 我怕丢掉了安全感，但我更怕困在安全区。
+ 我怕每一次弯道加速，但我更怕被人甩在身后。

⑭ ……才……

+ 穿过黑暗的夜，才懂黎明的晨。
+ 接受生活的无力感，才能更好地出发。

⑮ 再……也……

+ 再小的个体，也有自己的品牌——微信。
+ 再大的阻碍，也抵挡不了我追求梦想的步伐。

⑯ 如果……那就……

+ 如果人生很苦，那就自己加点酸甜辣。
+ 如果生活没有选项给你，那就勇敢地迎上去。

⑰ 越……越……

+ 年纪越大，越没有人会原谅你的穷。
+ 越是困难，我们越应去面对；越是艰险，我们越应该去
  挑战。

我们要想拥有持续写金句的能力，就需要大量阅读、思考，
看到有感触的好句子就随手记录下来，直接套用句式进行改编。

平时，我们也可以通过以下五个渠道积累金句。

✦ 关注一些情感类、美文类公众号和微博，经常看它们发的内容。注意文章的标题和加粗句，基本都是观点和金句。

✦ 电商网站图书排行榜里的成功励志类新书，这些书在微信读书 App 里也可以看。很多励志书的目录标题基本都是金句。

✦ 留意与人聊天，自己或他人有没有说过金句。每天和别人聊完天，总结一下有没有聊出金句。看看在群中的其他人有没有冒出金句。出去上课听别人分享，有没有哪些印象深刻的金句……将这些都随手记下来。

✦ 金句网站和 App。我总结了一些好用的网站和 App：句读、小独、一个、一言、闲言、文案馆、句子迷、句子控、金句谷、早安语录、励志一生、人民日报、诗词名句网、中国诗歌库。这些都是很好的金句来源。

✦ 主动搜索。当我们需要用到某个主题的金句时，可以现场在网络上搜一下。

有一个高效、快捷、精准搜索的模式：名人+关键词（主题）+名言/金句/格言，这样比大海捞针式地搜索名言金句要精准得多。

除了日常积累素材，更重要的是我们需要加强对生活的观察与思考。思考才能带来深刻的观点和智慧的见解。多总结自己的观点、想法，从套句式模仿改写开始，长期坚持，一定能金句频出。

2.3.5 高效拍摄剪辑方法

图片和视频画面是内容的重要组成部分，其传递的信息量远胜于文字。了解小红书对优质图片和视频的定义及偏好，懂得高效地拍摄和剪辑，可以大大提高内容创作的效率。本节将阐述受用户欢迎的小红书图片的特点和拍摄技巧、高质量短视频的拍摄技巧，以及高效剪辑思维与方法。

无论是拍照片，还是拍视频，都离不开拍摄、场景和内容。这就涉及脚本，拍照片时可以根据内容主题先列出要拍的场景和画面；拍视频更需要脚本了，有了脚本，就能让视频拍摄和剪辑更加流畅和高效。

脚本

什么是脚本？直白地讲，对于视频制作而言，脚本就是镜头的画面内容，镜头如何运动，使用什么样的景别，镜头画面持续多长时间，用什么画面、道具，以及背景音乐、音效等。脚本相当于工作流程。如果是团队搭配，脚本会大大方便摄影师、剪辑师等工作人员理解视频逻辑，把握视频内容。

如果是复杂的 Vlog 视频，创作者可以提前写出完整、详细的脚本，参照的模板如表 2-3 所示。

表 2-3　脚本写作模板

镜号	镜头画面	台词/旁白	时长	场景	景别	运镜	服道化	转场	音效	音乐	备注

+ 镜号：用于标识每一个镜头或场景。

+ 镜头画面：描述在屏幕上看到什么，包括人物、动作、地点等。

+ 台词/旁白：人物说的话或旁白。

+ 时长：预计每个镜头或场景持续多久。

+ 场景：描述事件发生的地点和时间。

+ 景别：如大特写、特写、中景、全景等，描述了摄像机离拍摄主体的距离以及画面框选的范围。

+ 运镜：如平移、推进、拉远等，描述了摄像机在拍摄过程中如何移动。

+ 服道化：描述角色穿着什么衣服，使用哪些道具，并且他们是否需要特殊化妆造型。

+ 转场：如剪辑、溶解等，指示从一个镜头或场景切换到另一个镜头或场景的过程。

+ 音效：描述任何非语言的声音，如门铃、汽车喇叭等。

+ 音乐：如果有背景音乐或主题曲，应在此处指定。

+ 备注：提供额外信息或要求，如特殊的拍摄技巧、特效等。

如果是比较简单的 Vlog 视频或口播视频，就只需要写文案，再做简单的拆解即可。

照片拍摄

（1）拍摄角度

➢ 俯拍

俯拍是指从上往下对主体进行拍摄，它可以使人物看起来更弱小。此外，俯拍也经常用于展示场景的全貌。拍物品时，俯拍可以提供一个全局的视角，使观众能够看到物品的全貌或细节。例如，在烹饪节目中，俯拍经常被用于展示食材和烹饪过程。

➢ 仰拍

与俯拍相反，仰拍是指从下往上对主体进行拍摄，它可以使人物看起来更强大。仰拍也经常用于拍摄建筑物、环境、物品，展现它们的壮观程度、压迫感、高度或大小。例如，在汽车广告中，仰拍可能被用于展示汽车的力量和优雅。

➢ 平拍

这种角度与人物的视线平齐，能够给观众一种身临其境的感觉，在商品广告中很常见。

➢ 侧拍

侧拍通常用于拍摄人物侧面的特写或全身照片，可以突出人物的表情和动作，有助于建立情绪和氛围。而且，侧拍能突出物品的边缘线条、形状及结构等特点，所以家具、建筑设计等领域会经常运用此类镜头。

> 背拍

背拍是从人物背后进行拍摄，显示他们背部的部分或全部视图。这个拍摄角度可以增加神秘感，强调人物的孤独或面临未知的情绪。

（2）拍摄景别

除了拍摄角度，拍摄景别也是非常重要的。适当变换景别，能丰富画面，加强视觉效果。以下是常见的五大类拍摄景别。

> 远景

远景通常包含足够多的环境元素，并展示了角色在环境中的位置和动作。在这种镜头中，角色可能只占据画面的一小部分，使观众可以看到整个场景或环境。例如，在拍摄大型公开活动或自然风光时经常使用远景。

> 全景

全景可以捕捉到整个人物形象，从头到脚都清晰可见。这种镜头通常用于展现人物在环境中的行动和互动。例如，在电影中可能会通过全景展示角色正在走路、跳舞或进行其他活动。

> 中景

中景通常显示角色从腰部到头顶的部分。它是一个平衡点，既能显示角色的表情和上半身动作以表达情感，同时也能让观众看到一些背景信息以提供上下文。例如，在对话场合经常使用此类镜头。

> 近景

近景主要用于捕捉人物脸部或其他重要细节，如手部动作。

它可以揭示角色的情绪，突出某个特定元素，或者为剧情提供关键线索。例如，在表现角色内心感受或紧张气氛时经常使用近景。

➢ 特写

特写是对某个特定部位进行极度放大的镜头，如眼睛、嘴唇等。这种镜头可以揭示细微的表情变化和细节信息，用于强调该部位或传达深层次的情感和主题。例如，在展示角色眼中的泪水或手上的戒指时可能会使用特写。

（3）图片拍摄技巧

➢ 九宫格构图法

九宫格构图法也被称为"三分法"，其基本思想是将画面分为九个等大的部分，通过两条垂直线和两条水平线实现。这四条线会在画面上形成四个交叉点。在使用九宫格构图法时，你可以将拍摄主体放在四个交叉点之一或靠近其中的位置。同时，你也可以让拍摄主体沿着这些线条排列。相比简单地将拍摄主体放在画面中心，使用九宫格构图法通常能得到更具吸引力和平衡感的照片。

如果你正在拍摄一个特定的物体或人物，那么尽量将其放在四个交叉点之一的位置。这样可以吸引观众注意到图片中的重要元素。

在拍摄风景照片时，尤其是有明显的地平线存在时（如海滨、草原），最好让地平线与九宫格构图法中任意一条水平线对齐，而不是直接放在画面中心。这样可以增加照片的深度感。

在城市或建筑摄影中，利用九宫格构图法的垂直线对齐建筑物也是一种好方法。这样可以引导观众的视线，并且给照片添加结构感。

你还可以尝试将画面中的引导线（如道路、河流等）与九宫格构图法的四条线之一对齐，从而引导观众的视线进入画面深处。

虽然九宫格构图法非常实用且使用范围广泛，但并非适用于所有情况。有时打破规则可能会得到更有创意和吸引力的结果。所以，理解并掌握这个方法后，在实际拍摄过程中要灵活运用，并不怕适时地打破它。

> 氛围感布景法

拍摄时单纯的商品摆放可能会给人留下内容空洞、过于商业化的印象，这种风格对小红书的用户来说并不容易引起购买欲望。因此，在进行拍摄时，我建议根据产品特性精心选择适当的道具和背景。

通过注入生活元素进行布景设计，可以营造出与产品特性一致的场景氛围。这样不仅使图片更有吸引力、更能引起情感共鸣，也有助于增强用户对产品的理解和接受度。例如，如果你正在拍摄一款新鲜果汁，你可以选择在阳光充足的厨房中拍摄，并配上刚从冰箱取出、带有水珠的新鲜水果作为道具，这样就能够营造出清爽健康、充满活力的气氛。

同样，如果拍摄一款复古风格的手表，则可以选择在木质桌面上搭配老式打字机或羽毛笔等复古元素进行拍摄。这样既突显了手表本身独特的设计风格，也让消费者更容易产生共鸣。

在小红书平台上，一张充满生活气息且特性一致的产品照片，不仅能吸引用户点击笔记，更有可能转化为实际的销售。因此，我强烈建议在拍摄产品照片时融入更多生活元素和情感因素，以提升用户的购买欲望。

➢ 高质感光影法

在拍摄产品照片之前，选择适合的光线环境至关重要。例如，如果你选择使用自然光进行拍摄，就可以尝试让产品主体面向太阳光源。这样可以有效地利用周围环境的光影效果，使产品更具立体感。

布置灯光也是打造质感画面的关键步骤。一种常见而高效的方法是三点照明法：首先，在产品一侧设置主灯，将主体部分打亮；然后，在另一侧设置辅灯，以减少阴影并打亮整个场景；最后，在产品背后放置背景灯或轮廓灯，为背景增添明暗对比和层次感。最后形成的灯光布置如图 2-58 所示。

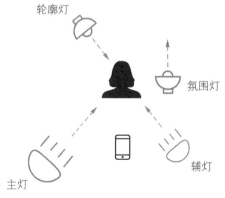

图 2-58　灯光布置示意图

这种照明方式不仅能够突出产品本身的细节和质感，还能根据需要调整各个角度的亮度以控制画面氛围。

总之，通过巧妙地运用自然光与人工灯光、硬光与软光之间的结合，可以创造出既有专业质感又富有生活气息的产品照片。

➤ 层次感构图法

拍摄角度往往是让照片脱颖而出的关键。在构图时，我们可以通过添加前景和背景元素来增加画面深度，让产品位于构图的中心或黄金分割线上也是一种有效的方法。这样不仅能够使整个画面更富有视觉层次感和吸引力，而且能突出产品主题，把观众的注意力集中到产品上。此外，这种方法还可以加深用户对产品特性和细节的印象，从而提高他们对购买决策的信心。

例如，在拍摄具有明显纹理或特色设计元素的产品时，可以尝试使用斜角或俯视等不同角度强调其独特之处。同时，在前景或背景中添加相关物品或环境元素，可以增加故事性和情境感。

我建议大家使用3：4的竖屏比例拍摄3～5张图片，这种尺寸能在小红书笔记中最大程度地展示内容。而且，多张图片也将丰富笔记的内容密度，使用户在阅读过程中获得更多信息，并对产品有更详细且全面的了解。

视频拍摄

（1）口播拍摄

➤ 拍摄工具

需要准备的硬件包括手机、支架和补光灯。我建议选择前置摄像头像素比较高的手机；选择比较稳固、不易倒且带有 360 度旋转头的支架；尽量选择柔光灯作为补光灯，不要选择射灯。如果想让音质更好，创作者可以佩带无线或有线麦克风进行录制。

如果只有自己一个人，创作者可以采用前置摄像头拍摄。其好处是能够随时看到画面内容，便于调整。但比较考验前置摄像头的像素。口播拍摄采用的分辨率一般选择 1080P，帧率选择 30 FPS。

前置拍摄时，创作者可以使用美颜相机 App，这样拍完的视频直接带有美颜。如果想拍摄质感更好，创作者也可以先用原相机拍摄，剪辑时再添加美颜效果。为了避免忘词，创作者可以用提词器 App 辅助，如 "轻抖" 等免费的提词软件，这样只用根据提词说出内容，而不需要死记硬背。如果有多人协助，创作者就可以采用后置摄像头拍摄，由专人把控画面的情况，随时进行调整。此时要想使用提词器，就需要额外购买硬件设备。

➤ 场景搭建

搭建直播场景时，创作者要注意空间简洁美观、个人定位准确清晰，以及避免不必要的视觉干扰。首先，选择口播场景时，通常只需要一个合适的角落即可，大约 1 平方米，不需要大规模的场地；场景尽量简洁、大方，要避免过度复杂化。其次，创作者要根据自身的定位和风格，挑选符合主题和氛围的物品进行布置。常用的氛围感道具包括绿植、画框、小桌子、鲜花、氛围灯和其他小摆件等。如果空间足够，可以将人物和背景的距离拉远，这样能使画面更有空间感。最后，要注意避免在人脸后方放置线条感强烈的家具（如书柜），因为这可能会在使用瘦脸功能时导致空间扭曲，影响画面效果。

那么，怎样快速找到适合口播的位置呢？我们可以打开前置摄像头，在家里四处逛逛，看那些位置比较合适。尽量选择面朝自然光的位置，这样不用打光，人物也非常清透。如果背光拍摄，人物脸部比较暗，就需要进行补光了。

➤ 人物位置

口播视频一般采用固定机位拍摄。拍摄时打开九宫格参考线，人物可以正向面对镜头并尽量居中，头部整体在三分线的第一条线上，但不能顶到最上面，要留出一部分空间，保留呼吸感；根据距离露出膝盖或腰部以上位置，身体两侧尽量完整出镜；人物的眼睛要平视镜头，不要仰视或俯视，范例如图 2-59 所示。

此外，人物也可以侧身面对镜头。侧身拍摄可以营造出采访的氛围，并且人物不用盯着镜头。这个角度适用于拍摄口播时容易紧张的人员。

图 2-59　拍摄口播视频时人物
位置示例

➢ 光线布置

关于光线，拍摄时首选自然光。第一，自然光可以提供最真实、最生动的色彩，使画面更有生命力，这是人造灯光很难完全复制的。第二，自然光通常比人造灯光更柔和，能够平滑地打在物体上，降低过高的对比度，使影子的边缘变得更柔和。第三，使用自然光也可以节省购买补光设备的费用。

用自然光拍摄时，一般面朝窗户，避开太阳直射，同时观察画面背景是否合适。如果背景杂乱，可以适当调整角度，如侧对窗户，然后在另一侧补光。

当光线昏暗或晚上拍摄时，可以用补光灯拍摄。这时一般用三点式布光，即"主光 + 辅光 + 轮廓光"（见图 2-58）。

主光是指最亮的那盏灯，一般打在人物的左侧或右侧 45 度角。在另一侧 45 度角用一盏辅灯打出辅光，辅光不用特别亮，主要起到削减人物阴影的作用。在背后给人物头顶打出轮廓光，凸显发丝细节，避免一片死黑。如果觉得背景太暗，可给背景打上日落灯、氛围灯，以提升氛围感。

（2）Vlog 拍摄

Vlog 拍摄前最好先写脚本，确认拍摄的画面、景别、构图等。这样能够保证拍摄时思路清晰，井然有序。

➢ 拍摄工具

与口播拍摄类似，Vlog 拍摄可以选择手机或相机。新手入门时，我建议先用手机拍，熟练了再迭代成相机。支架方面，拍 Vlog 的支架更多样，包括落地三脚架、桌面支架、带横杆支架、八爪鱼支架等，主要根据不同拍摄场景和景别角度来使用。麦克风方面，如果想要更有沉浸式体验、更好的音质，我建议还是用麦克风来收音，效果会更好。

在实际拍摄时，我建议使用原相机进行拍摄，并且可以在剪辑时对人物部分进行美颜；分辨率选择 1080P，帧率选择 60 FPS；如果想拍慢镜头，帧率可以拉高至 120 FPS 或 240 FPS。当然，这些参数需要根据手机的支持情况进行调整。

➢ 常用机位

Vlog 拍摄可使用固定机位或移动机位。固定机位的好处在于稳定，不需要运镜技巧，学习门槛低，适合新手博主使用。使用移动机位拍摄时，要想拍好、拍稳，可以借助稳定器（云台）。有了这些工具的支持，你拍出来的画面也能稳如泰山。

➢ 拍摄角度

45 度角俯拍是最常用且比较万能的拍摄角度，很接近我们的日常视角，拍开箱类视频也可以用这个角度。平拍视角可以有人物出镜，营造出"他拍"的感觉，还可以用绿植做前景，更有层次感。总之，俯拍比较考验画面构图，但效果很好，用于拍定格画面也不错。

➢ 拍摄景别

Vlog 拍摄时可以同一个动作，用不同角度、不同景别多拍几遍。这样在剪辑时就可以进行近景、远景切换，或者不同角度之间切换，从而丰富画面效果，避免视觉疲劳。

➢ 拍摄运镜

运镜是指通过移动或调整镜头来改变拍摄角度、视点或焦距的技术。这些运动可以在水平、垂直或纵深方向上进行，也可以围绕某个点进行。运镜能引导观众的视线，增强画面动感，更好地表达内容。

Vlog 拍摄常用的运镜技巧有推、拉、摇、移、跟、升、降、甩、环绕等。不同的景别加上不同的运镜方式，就会得到不同的视觉效果。

+ 推是将镜头向主体推进的动作，使画面产生向前移动的感觉。这个技巧通常用于引入场景或突出特定对象。

+ 拉是镜头远离主体的动作，使画面产生向后移动的感觉。这个技巧经常用于揭示更大范围的场景，将主体与环境匹配起来，可以减弱情绪和气氛。

+ 摇是在固定机位的情况下，通常只左右转动镜头，它可以跟踪水平运动或展示一个宽阔的场景。

+ 移是指不改变焦距，一边移动机位，一边拍摄。这个技巧能够连贯地传递信息。

+ 跟是从人物背后跟随拍摄，镜头和主体同步移动，能够连续而详尽地表现运动中的被拍摄主体，可以增加代入感。

+ 升、降是指摄像机上下运动拍摄，适合展示比较宏大的规模和气势，或者纵向展示具有一定高度的事物。

+ 甩是一种快速横向移动镜头的技巧，可以使画面产生模糊效果。这个技巧通常用于过渡或强调动作，具有突然性和转折感。

✦ 环绕是指摄像机围绕主体拍摄，这样可以让观众从各个角度看到主体，增加空间感和深度感。

剪辑思维

PC 端常用的剪辑软件有 Premiere（PR）、Final Cut Pro（FCP）、达芬奇、会声会影、剪映等，主流是 PR 和 FCP，但 FCP 只能在苹果电脑上使用。达芬奇虽有剪辑功能，但更多用于调色。有剪辑技术基础的人员可用 PR、FCP。对于新手，我推荐使用剪映。

手机剪辑软件有剪映、必剪、小影、巧影、快剪辑、爱剪辑等，新手可以使用剪映。剪映的优势在于操作简单、易上手，功能界面不复杂，对新手友好；而且内置了各种特效、滤镜、素材库等，用户可以一键套用。它的云端功能可共享草稿，用户登录同一账号，可在电脑、手机、平板上随时剪辑，是一款高效的视频剪辑工具。

剪辑思维主要包含两方面：主线思维和高效思维。

➢ 主线思维

剪辑视频时会出现这种情况：文案、配音都确定了，却发现画面素材不够，需要补拍。这个问题非常麻烦，其根源在于明确到底是用画面匹配声音，还是用声音匹配画面。因此，对于不同类型的视频，我们需要确定它的主线是什么。

口播视频的主线是画面和声音。在去掉口误、重复语句和气口后，视频主线便呈现出来了，然后可添加相关素材、配乐，最后加字幕，如图 2-60 所示。

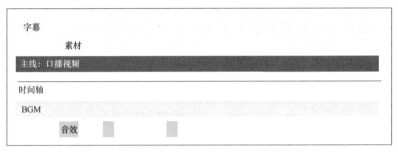

图 2-60　口播视频的主线示意图

Vlog 视频的主线是配音，去除配音中的重复语句和气口后，可根据配音添加对应的画面，再加配乐、音效、字幕等，如图 2-61 所示。如果是没有配音的 Vlog 视频，可选择合适的背景音乐，利用音乐的情绪起伏来添加画面。

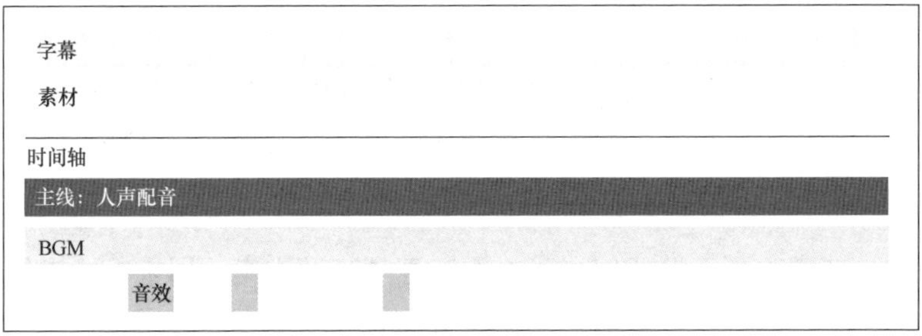

图 2-61　Vlog 视频的主线示意图

卡点、混剪视频的主线是背景音乐，如图 2-62 所示。因为音乐之间的卡点节奏不同，而画面又是根据音乐的卡点节奏匹配，所以背景音乐是非常重要的主线，轻易不更换，否则相当于重做视频。

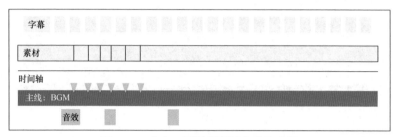

图 2-62　卡点、混剪视频的主线示意图

只有掌握不同类型视频的主线，我们在剪辑视频时才能思路更清晰，并且提高效率。

➢ 高效思维

高效思维是指通过提升剪辑熟练度、优化剪辑顺序、利用高效剪辑工具、分类整理素材等方式缩短剪辑时间及提高效率的一种思维。新手在剪辑视频时总会因为不熟练、没有掌握方法而花费大量的时间，这是阻止博主持续创作的重大障碍。下面从拍摄、素材、剪辑三个方面进行梳理，找出更高效的创作方法。

拍摄时，场景搭建、灯光调试好后尽量不移动，这样能节省再次布景、打光的时间，下次拍摄时直接坐上去即可，随写随拍，非常方便。兼职博主可在周一至周五写文案，周末寻找光线明亮的时间一次性多拍几条，这样可以提高拍摄效率。

拍摄后，要及时整理素材并分类。我每次外拍回来都会对素材进行整理和分类，如读书、工作、人物、风景等，对于在网络上找的图片、视频也会及时归类，这样剪辑时添加素材的效率就会更高。

提高剪辑效率的方法是提升剪辑熟练度和优化剪辑顺序。熟练度是越剪越高的，剪完 100 个片子能行云流水。当熟练度达到瓶颈期时，想再提升速度，就要优化剪辑顺序了。

剪辑顺序的优化主要从画面、声音、效果、字幕、音效着手。

画面上，尽量在前期拍摄时就保证人物的位置、布光、构图、色调符合成片的效果，这样可以节省很多后期处理的时间。虽然这是理想状态，但思路就是把前期工作做到位，减少后期工作量。

声音也一样，尽量在安静的环境中录音，减少噪声。如果出现杂音或说错话，就要及时重录。这样剪辑时可以把说错的一句剪掉，避免在某句话里单独抠错字。

各类效果、字幕、音效的优化方式比较一致，主要是记录参数、添加收藏，方便每次制作时寻找使用。

口播视频的剪辑步骤

常规的口播视频剪辑流程有以下步骤。

（1）画面调整调色、声音降噪

口播画面导入后，检查画面是否有需要调整的地方，如人物过小、画面歪斜、人物未居中等。如果有，可以先进行调整，将人物居中，调整至合适的大小。

根据画面情况调色，如果画面整体偏暗，可以增加亮度；想

143

让画面更清新，可以降低对比度、增加高光；想单独调整画面中的颜色，可以用 HSL[①] 功能，对单一色彩进行调整；想让画面更加清透、治愈，可以稍微提亮阴影；想让导出画面更清晰，可以拉高锐化值，通常在 30 ~ 70 更自然。

如果视频声音的底噪较大，可以点击剪映音频里面的"降噪"进行处理。

（2）画面粗剪

根据口播文案，剪掉多余重复的画面、说错的语句、每句话之间的气口等。具体操作：打开剪映 PC 版，移动白色时间线到要分割片段的前端，点击"分割"，然后移动时间线至要分割片段的后端，再点击"分割"，最后将被分割片段删除即可。

（3）添加字幕

视频粗剪后，点击"文本""智能字幕"，再点击"识别字幕"，系统就能根据声音自动识别出文字。其中一些错别字需要我们手动修改。

字幕的字体有抖音美好体、妙黑体、轻吟体、新青年、俪金黑、特黑体、研宋体等。比较高级的字幕样式包括白色文字＋细描边＋黑色阴影、白色文字＋黑色阴影、白色文字＋黑色背景（不透明度为 50%）。

字幕的长度尽量保持一行，太长的可以分行，但不要出现单独一个字掉在第二行的情况，这样会显得很奇怪。字幕的样式整

---

① 即色相、饱和度和亮度。

体简洁、显眼即可，不需要太花哨。

（4）添加转场、特效、音效

在剪辑时，选择适合的转场效果是非常重要的。好的转场可以使观众更好地理解创作者的故事，并增加视觉吸引力。使用转场效果时需要注意以下要点。

+ 根据正在讲述的故事或信息选择转场。例如，如果你正在从一个思想或情境过渡到另一个完全不同的思想或情境，那么可能需要一个明显的转场（如淡出／淡入）。如果两个片段之间有直接关联，则可以使用更自然、更微妙的过渡（如匹配剪辑）。

+ 考虑视频中设定的节奏和速度。快节奏、动态视频可能会使用更多快速切换或动态移动类型的过渡（如旋转、推拉等），而较慢、静态或感性质量较高的内容可能会倾向于使用慢速淡入／淡出或无缝衔接。

+ 考虑视频整体的风格和主题。这将影响你选择何种类型及何种方式进行过渡。例如，现代科技类视频可能会用到很多数字化、矩阵式甚至扭曲的过渡效果，而纪实或故事类视频可能会更多使用经典的淡入／淡出、推拉或蒙太奇式剪辑。

+ 不过度使用转场效果。尽管转场效果可以增加视觉吸引力，但是过度使用则可能会分散观众的注意力，使他们从你要传达的信息中分心。所以，在选择和添加转场时一定要谨慎。

接下来是对特效的使用。剪辑时，我们在剪映中依次点击"特效""综艺"，可以看到口播常用的综艺特效，如图 2-63 所示。

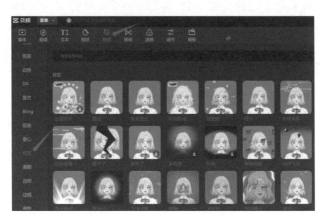

图 2-63　剪映中的综艺特效

在剪映中依次点击"特效""人物特效""情绪"，如图 2-64 所示。这些特效也不错，可以根据口播人物的情绪爆点添加使用。

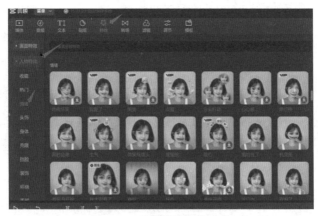

图 2-64　剪映中的情绪特效

音效一般会搭配文字出现使用。例如，一行文字出现时可以配上"啵"的音效。表 2-4 列出了一些常用音效，我们在剪映的"音乐""音频""音效"里直接搜索关键词，找到合适的音效使用即可。

表 2-4　剪映中的常用音效

叮咚，提示音	嗖，咻	Q 弹	啵，气泡音
滑稽综艺音效	仙尘音效	叮，关注提示音	佳能快门声，咔嚓
鼠标单击	打鼓声	答题错误	东西突然出现
综艺沮丧失落配音	biu	噗，短放屁声	系统警告
系统错误音效	综艺叮咚提示	齿轮音效	提示任务完成
嗖	叮铃，任务完成	电流效果声	水滴
点钞机器清点钞票	ding	噔，综艺按钮	点击

（5）添加背景音乐

背景音乐在视频中是非常重要的，好的背景音乐能把视频表达的情绪成百上千倍地放大。下面分享几个寻找音乐的方法。

+ 通过搜索关键词寻找音乐。关键词可分为场景、领域、情绪等类型。场景类关键词包括清晨、夜晚、学习、工作、睡前、运动等。领域类关键词包括美食、穿搭、口播、干货知识等。情绪类关键词包括紧张、安静、孤独、欢快、轻松、激昂、励志等。

+ 通过爆款视频、当下热门音乐榜单寻找音乐。我们可以在小红书搜索自己要找的领域、关键词等，然后看爆款笔记用的是什么音乐，可以参考借鉴它使用的音乐。

（6）导出视频、审片

导出视频后，自己从头到尾看一遍，检查是否有错别字、特效有没有用错、素材与特效有没有对齐、多余的音乐有没有剪掉等，确认没问题后再发布。

Vlog 视频的剪辑步骤

Vlog 视频的剪辑有以下步骤。

（1）素材整理

Vlog 拍摄下来，画面通常有几十甚至上百个。所以，提前梳理一遍素材，删除不需要的，将需要的素材分类保存、命名，方便后面的剪辑。

（2）画面粗剪和调色、声音降噪

导入素材后，根据脚本（如有）拼接画面，画面中前后多余的部分可以删除，再根据是否配音调节画面的长短。如果有配音，就导入配音，删掉重复、多余部分；然后以配音为主线，在此基础上调整画面，通常一两句话就换新的画面。

画面匹配完成后，创作者可以根据画面的情况和自身偏好调色。具体的操作与处理口播视频画面的操作相同。

配音录音时尽量选择安静的环境，如果视频声音的底噪较大，可以点击剪映音频里的"降噪"进行处理。

（3）添加字幕

如果想要 Vlog 字幕的风格化更明显，创作者可以选择更细的字体来呈现，如抖音美好体、妙黑体、轻吟体、研宋体等。比较高级的字幕样式包括白色文字 + 细描边 + 黑色阴影、白色文字 + 黑色阴影、白色文字 + 黑色背景（不透明度为 50%）。

字幕的长度尽量保持一行，太长的可以分行，但不要出现单独一个字掉在第二行的情况，会显得很奇怪。字幕的样式整体简洁、显眼即可，不需要太花哨。

（4）添加转场、音效

制作 Vlog 时，使用转场效果可以增加视觉吸引力，提高观众的观看体验。然而，如果不恰当地使用转场效果，也可能导致混乱或分散观众的注意力。所以，创作者应尽量只在必要时使用转场，并确保它们增强了你的故事，而不是分散了观众的注意力。

试在整个 Vlog 中保持一致性。如果你开始用某种类型的转场（如推拉、缩放等），那么就尽量在整个视频中都用这种方式。

选择与 Vlog 主题和风格相匹配的转场效果。例如，一个户外冒险 Vlog 可能会包含更多动态、快速切换类型的过渡，而一个烹饪 Vlog 则可能更多地使用平滑、自然的过渡。

音效方面，Vlog 的同期声或环境音是一个非常重要的元素，它能够帮助观众更好地沉浸在创作者的 Vlog 中。如果创作者在拍摄时没有录到满意的环境音，那么在后期编辑阶段添加对应的场景声音是一个很好的选择。

创作者可以在剪映的音效中搜索对应的关键词，如开门、切菜、倒水等，找到模拟画面的声音，会让观众更有沉浸式体验感。

（5）添加背景音乐

为 Vlog 视频搜索背景音乐的方法，和前文介绍的为口播视频搜索背景音乐的方法类似。另外，在剪映的音乐素材库里有 Vlog 的单独分类，创作者可以浏览一遍，对觉得好的音乐就点五角星，收藏起来方便以后使用。

（6）导出视频、审片

和口播视频一样，Vlog 导出成片后要从头到尾浏览一遍，检查是否有错别字、特效有没有出错、素材与特效有没有对齐、多余的音乐有没有剪掉等，确认没问题后再发布。

2.3.6　内容思维

账号主理人不同，账号类型不同，内容创作的思维也是不同的。我和我的团队"陪跑"了 5000 多位创始人、企业主和个体，发现他们在内容产出上都有卡点和瓶颈，要么观念不对，要么方法不当。经过我们团队为其做定制化账号打造和运营方案，全流程指导内容创作，日常生产做内容就变得更容易了。这里核心的一点，就是通过刻意练习扭转了思维模式。改变思维模式才能改变行为，改变行为才能改变结果。

品牌号内容思维

（1）摒弃硬广思维，建立内容思维

只要是以企业或品牌身份做账号的商家，都要切记一条红线：不要成天发产品和营销广告，除非知名品牌，有很多品牌忠实用户。如果是初创品牌或中小品牌，一定要把硬广思维转变为内容思维。

例如，卖面包机，不是成天介绍这个面包机有多好、功能多齐全，而是教你做 100 种好吃又好看的面包，每天不重样，还给你配方。这是内容思维，用内容"种草"商品，实现销售。

（2）摒弃卖家秀思维，建立买家秀思维

很多商家习惯了在小红书发产品介绍、营销广告、客户案例，这全都是卖家一厢情愿的卖家秀，完全没有内容思维。在小红书社区，用户要看的是买家秀，不是卖家秀。你把自己当作买家，从买家的角度发笔记，比从卖家的角度更能吸引用户点击观看。想想如果你是用户，是潜在买家，你会关心什么，对什么感兴趣，对什么好奇。

（3）摒弃低差宣传，建立美学思维

小红书账号就是你的线上店铺，主页给用户的第一印象很重要。质感、特性决定品牌第一印象。如果满屏都是低差广告，俗称"互联网牛皮癣"，用户肯定没兴趣关注和了解。所以，账号的封面排版、色系、风格应统一，内容上应通过有质感的图片、场景和文案突显品牌特点。

人设号内容思维

（1）摒弃朋友圈思维，建立用户思维

很多人习惯了用发朋友圈的方式发小红书，写写文字、发发图。事实上，小红书绝不等于朋友圈。小红书的绝大部分流量来自陌生人，小红书是非熟人圈子的公域自媒体。就好比你站在满是人流的街上对着众人讲话，你需要使出浑身解数吸引陌生人围拢过来听你讲话。

大家不关心你今天去哪玩了，明天做了什么事，后天生活中又发生了什么。大家只关心自己。用户给你点赞、收藏、评论、关注的原因有且仅有一种，就是冲着你的内容有信息量、有价值，你这个账号能让他学到东西，对他的生活、工作会有帮助。

所以，创作者要注重在内容中输出有洞见的看法和见解，有用的信息、干货、体验和经验，懂得跟观众共鸣，才会被观众喜爱和记住。

（2）摒弃纯信息资讯，多"种草"自己

纯资讯类或趣闻类的解说视频不利于打造个人 IP，商业价值也比较低。人设号与素材号、资料号、工具人账号的最大区别，就是人设号能让用户看见你是一个怎样的人。

卖信息、卖干货、卖知识，都不如卖自己！怎么卖？学会在内容中"种草"自己。例如，在分享有价值的内容（如观点、认知、经验或方法）时，顺便告诉大家"我是谁""我的身份职业是什么""我有怎样的背景和经历""凭什么我可以讲这个话题"，让别人知道你擅长什么、你能为他提供什么价值。如果你想打造个人 IP，这一点尤其重要。

总之，你，才是目的，其他都是手段，不要本末倒置。

IP 号内容思维

摒弃虚假人设，我即 IP，IP 即我。创始人或个体打造 IP，一定不要做工具人，不做虚假人设。我的账号呈现出来的人设就是我真实的样子。我们可以根据定位选择性地展示或适度放大闪光点，但不需要伪装和包装。

IP 要放弃完美主义。人们爱你的努力远大于爱你的完美。人们爱你的真实、真诚，远大于爱你刻意营造的完美无缺。做 IP 要敢于袒露自己，敢于把自己真实的状态展现出来，这样更容易获得信任。

（1）内容复利思维

80% 的创始人做不起来账号，都是因为没时间、没精力、顾不上。所以，一定要有内容复利思维，一次创作被多次利用。

我在线下讲完两天的课，内容很多。我完全可以把它拆成一小节、一小节的课。下一次可能有企业或机构请我讲课，我就从里面拿一节符合需求的课去讲；当一些平台或组织邀请我做线上直播授课或社群分享时也可以用；某一小节的内容也可以作为下一次直播的主题，直播后还可以写成一篇公众号文章。另外，我还可以把课上的金句发在微信朋友圈上。

你看我这一份课程内容可以被利用多少次？无限次！当你带着内容复利思维时，所有事都是一件事，你不会觉得自己忙得不可开交，只要做好眼前这一件事，其他事就做了大半。这也是高效率创作的一大秘诀。

反过来，一篇笔记内容，无论是视频，还是图文，也可以来自一场高质量的社群分享、一次线下授课或沙龙分享、一场直播精华、一次深入咨询、一场高质量的聊天交流、一次他人的专访、一场高质量连麦。

（2）外包思维

作为创始人，时间精力有限，不可能什么事情都自己做。如果有团队，当然更好。没有团队，也不必悲观，找到 1 ~ 2 个帮手就足够了。如果暂时找不到适合的人，也可以考虑外包给专业团队。外包剪辑、外包做封面或内页图，把别人能代替你做的和你不擅长的都外包出去，甚至后期内容也可以找帮手分担一部分，创始人只需要做自己不可替代的内容就可以了。

这样安排下来，创始人只需要出镜拍摄和审核成品，甚至连成品初审都可以不用自己处理。因为当你跟团队磨合了一段时间、确定标准后，就可以让团队初审，你只用做终审和发布。

（3）流程思维

流程的存在就是为了提高效率。按照内容创作流程，每个流程都会有相应的资料库。做自媒体多年，我有六个坚持积累的资料库。

+ 选题库，我觉得好的选题或平时的灵感、想法都会放在这个库里。

+ 素材库，就是我平时收集整理的素材都会汇总起来。

+ 金句库，就是我会把随时看到、听到、想到的好语句收录起来。

+ 音乐库，可以大大节省视频制作过程中选用音乐的时间。

+ 影像库，里面分门别类存储了过往和新拍的照片、视频素

材，使用时搜索关键词就能快速查找，大大解决了找素
材、拍素材的时间。

✦ 备忘录，作为平时储存选题、素材、灵感的中转站。

另外，在拍摄剪辑上，我建立了很多标准作业流程（SOP），
用于把每个环节的标准定下来。例如，在拍摄、剪辑、视频审核
上，我都有执行的要点清单，新手按照 SOP 也能做出较高质量的
视频出来。

做自媒体需要坚持长期主义。长期创作内容，不要只靠灵
感；要定时、定量、定课，在系统和流程的框架里持续创作。总
之，内容创作是一门手艺，需要刻意练习。

2.4　内容发布：让流量玄学变科学

小红书笔记发布的关键动作包括封面标题的包装、图文排
版、视频发布文案、带话题和选择发布时间等。笔记发布后还需
要运营，如数据查看和复盘。如果数据表现不好，创作者需要进
一步分析，找出问题并及时修改优化。本节就针对这些问题逐个
进行讲解。

2.4.1　笔记双标题包装

小红书笔记的封面和标题极为重要，它们在很大程度上决定

了用户是否会点击笔记。

一个精准、引人入胜的标题搭配应景的图片，可以大大提高笔记的点击率。封面由图片和封面标题组成。前文在讲账号搭建时已经分析了封面视觉设计，本节主要讲标题的优化包装。

如果封面图片不具备吸引力，想要提高点击率，就要遵循双标题原则。也就是设置封面标题和正文标题，主打不同的亮点。封面标题是指直接展示在封面上的标题，字数不宜太多。正文标题是指发布笔记时在标题栏填写的标题，最多可写 20 个字。

如图 2-65 所示，封面标题是"日更一年涨粉百万，多亏了 7个效率神器"，正文标题是"大博主不会告诉你的 7 个内容工具"，这两个标题不完全一样，但又彼此呼应。"涨粉百万""7 个效率神器""大博主""7 个内容工具"等关键词都可以增加笔记的价值感，吸引用户点进去观看。

很多人为了省事，在封面标题和正文标题上用相同的内容，这就浪费了一个广告位。其实，两个标题应该差异化，或者连在一起展示更多信息。例如，我们想写一篇关于买手如何选择爆品的笔记，封面标题可以是"带货买手如何选择爆品？分享花 3 万元买来的经

图 2-65　封面标题和正文标题示例

验"，正文标题则是"精选 500 款产品 | 手把手教你 5 步挑选爆品的方法"。这样的封面标题和正文标题既互相呼应，又充分展示了笔记要传达的信息、亮点和价值，更容易吸引用户点击。

虽然关于写标题的方法有几十种，但很多方法本质上都是相通的。我总结了 13 种简单、实用的标题写法。

使用技巧：首先提炼内容主题，用一句话或几个关键词概括主要内容；然后运用以下取标题的方法，一次多拟几个，挑选最满意的。

（1）情绪代入式

人的情绪感受是相通的，能调动用户情绪的标题往往更容易被点击。人类情绪可以分为四种：高唤醒的消极情绪、高唤醒的积极兴趣、低唤醒的消极情绪、低唤醒的积极情绪，如图 2-66 所

图 2-66　情绪的分类

示。而我们要在标题中传递出高唤醒的情绪。例如，"10 大变丑习惯，99% 的人中招"利用的是恐惧等消极的高唤醒情绪；"后悔没早点买这款厨房神器""救命！这是谁发明的神仙吃法？简直鲜掉眉毛"传递的是积极的高唤醒情绪。

下面总结了小红书爆款情绪式标题的一些句式，创作者可以模仿套用。

① 真心建议……

"真心建议普通人做自媒体别吃没必要的苦"

"真心建议大家冲一冲新兴行业，工资高、不内卷"

② 一个很……但……的……

"一个很变态，但能考上研的野路子"

"一个很恶心，但可以让你有流量的方法"

③ 不愧是……

"不愧是我爸妈心目中的天花板"

"不愧是坤宁宫的下午茶"

④ 后悔没有早点……

"妈呀！后悔没有早点剪短发"

总之，用强烈的语气词和生活化的语言传递强烈的高唤醒情绪，无论是积极的，还是消极的，都能调动用户的情绪。

（2）直呼受众式

直接对目标用户喊话，在标题里植入目标用户的身份、职业、年龄、性别、地域等，让人对号入座，觉得与"我"有关。

"教师怀孕的最佳时间请收下"

"未来 3 年，女人创业开店选什么好？"

"妈妈一定要学会的辅食做法，尤其是最后一道"

目标人群的所有特征属性都可以是标签，如身材、兴趣爱好、行为习惯等。

总之，习惯性在标题植入目标用户的各种标签，不仅有利于提高点击率，还能让推荐流量更加精准。

（3）提问式

提问是最常见却很有效的标题技巧。因为疑问句天然比陈述句更能吸引人们的注意力，更能引发人们的思考。你可以问：是什么？为什么？怎么办？如何做？

所提的问题一定要直指痛点和需求，是目标用户真正关心的、正在为此烦恼的问题，一些扎心的、想解决但解决不了的问题，或者很重要但平时没有想过的问题。

"又美又穷，如何向上社交？"

"如何让男朋友心甘情愿做家务？"

提问式标题的延伸版还有设问式，就是不仅提出问题，还给出回答，也就是解决方案。这样不但增加了价值感，还能增加标题的波澜起伏，不至于太平淡。

"怎么当好管理者？一定要学会少下命令"

"离职了却没走？你犯了职场大忌"

"带娃太累？是你方法不对！"

后半句要么反常识，要么留悬念，这样可以大大增加标题的吸引力。

（4）悬念式

标题的作用就是引发好奇、吸引点击。悬念式标题即标题说一半、留一半，就是不告诉你答案，隐藏"是什么""是谁"等信息，营造强烈的悬念感。

"真心建议大家面试时千万别这么说"

"饭桌上如何敬酒，有这几句话就够了"

给新媒体内容起标题，最忌讳让人看完标题就知道了所有，没有任何进一步点击观看的欲望。设置悬念就是想方设法激发你的好奇心，但就是不给你答案，你只有看完内容才能知道。

（5）数字式

在标题中使用关于时间、数量、金钱、大小的阿拉伯数字，不但能引起用户的注意，还能更直观地强化认知，更有价值感。

"月入 5 万元｜揭秘小红书博主的 4 大收入来源"

"小朋友早餐 100 天不重样"

"6 款秋季必喝肉汤合集｜补钙补铁，好喝易做"

使用数字式时需要注意以下几点。

✦ 大人物用大数字，大品牌人气背书用大数字，很牛的经历用大数字。

◆ 与用户有关、要让对方做的事用小数字。例如，"3 招让你拥有源源不断的客户""2 周减肥 5 公斤，她只用了这一个方法"。又如"内耗严重的人每天默念这 7 句话"，如果你说 20 句，读者容易没有耐心看。

◆ 一个标题中的数字不超过 3 个，1 ~ 2 个为宜。

（6）利益式

标题要提炼概括内容的价值，以及能给用户带来什么好处，可以是解决某个痛点问题或烦恼、满足某个需求，比如帮助用户节省时间、提高效率、实现想要的理想状态；还可以直接用干货集锦式的标题。总之，让人一眼看到干货价值和用途。

"工资高、前景好、不内卷的工作，手把手带你找"

"情绪自救指南！这几句话狠狠救到我了"

"文案高手都会用的 9 款文案工具"

这些标题的利益点直接且明确，将价值外化，对目标用户很有吸引力。

（7）对比式

所谓对比，就是将结果、境遇、收入及年龄等差距很大的两个对象进行对比，营造冲突和矛盾反差，激发用户的好奇心。差异越大，越吸引人。

例如，"农村女孩 23 岁年入百万元，我是如何实现的""她是全职妈妈，但她赚到了 100 万元"是境遇和收入的对比；"工作 10 年，被裁只用了 5 分钟"在境遇中利用大数字和小数字形成强烈的反差，制造冲突，让人印象深刻。

（8）颠覆认知式

人们天生喜新厌旧，对习以为常、老生常谈的事情无感，但是往往会立马被打破常规、超出认知、颠覆常识甚至有点不可思议的观点或言论吸引住。例如，"勤不能补拙 | 把精力花在补拙上是浪费天赋"，就是打破了人们常规的认知。

这类标题往往是一个观点或一句金句。我们在平时读书、看文章及视频的过程中，也可以多积累一些反常识、颠覆大众认知、让人产生意外之感的标题和语句。

（9）解决痛点式

标题直指目标用户的痛点，并针对痛点给出解决方案，让用户觉得"这正是我需要的""这对我太有用了"。

"干敏肌的姐妹都给我冲，真的巨巨巨好用"

"6 个睡前动作提高睡眠质量，半小时轻松入睡"

"不会穿搭？衣品很牛的女生，八步穿出高级感"

如果你擅长挖掘用户痛点，内容也很有干货，就可以用这个标题技巧。

（10）借力式

通俗地讲，借力式就是在标题中植入明星热点、名人轶事及借助专家权威背书等，增加用户对内容的兴趣。最直接的方法，就是加入名人、名牌、专家和有关注度的热点关键词。

"孙俪同款四神汤，一定要码住"

"洗发水里的爱马仕，用一次就离不开了"

"董宇辉在直播间反复推荐的 10 本好书"

（11）共鸣式

引发共鸣，也就是站在受众的立场，说出对方想说但不敢说，或想说却不知道怎么说的话。怎么发声呢？一个简便方法就是原封不动地使用用户说的话，或者用户的感想、感受。

"这个年代做父母，比上个年代做父母难好多啊"

"当我有能力带妈妈看世界时，已经没有机会了"

"不懂带团队，只能自己累"

还有一个小诀窍，那就是多用"你""我"。这种标题能快速与读者产生关联，拉近与读者之间的距离，增强代入感，如"为什么你想做的事总是没做成"。"我"代入读者，增强代入感。"你"直面读者，是与读者进行对话，有更强的目标对象感。

（12）命令式

标题中直接下命令，人们会更相信明确坚定的指令，因为背后一定有充足的理由支撑。例如，"别再……""停止……"

"公司一旦出现这 5 种现象，赶紧辞职"

"做视频 4 个月，我劝你千万别做短视频"

（13）概括式

概括式就是概括视频内容到底讲了什么，只看标题就很有信息量和故事感。

如果是干货知识、科普知识，就概括内容重点，如"从高二到大二，普通女孩变美的 5 个思路"；如果是经历故事，就概括人物经历，如"抑郁、裸辞、二胎，一个普通女孩的不凡10年"。

2.4.2　发布细节与排版

笔记写好后就到了发布环节。发布操作虽然不难，但有很多小细节需要我们注意，否则将会大大影响笔记流量。接下来，我们逐一操作一遍。

（1）添加视频或图片

在手机端或 PC 端后台可以看到需要编辑的选项，如图 2-67 和图 2-68 所示。

图 2-67　手机端笔记发布界面

图 2-68　PC 端笔记发布界面

如果是发布高清视频（超过 200 MB），则建议在网页上发布，避免被压缩。但网页发布也有局限，部分功能无法实现，如无法关联群聊、商品等。大家可以根据实际情况选择发布方式。

（2）填写标题和正文

标题和正文可以多布局关键词，以便平台判断笔记内容的属性并打上相关标签，把笔记精准推荐给适合的用户。

关于标题的写法，大家可以参考 2.4.1 节的内容。整体来说，标题不宜过长，还可以用分隔符和表情符号增加其生动性。

至于正文部分，大家要注意描述有看点。如果是视频笔记，要注意留足悬念；不要把正文描述写得太长，更不要直接把整个视频文案复制粘贴过去。一方面，文字太长，用户不愿意看，也不方便看；另一方面，如果所有内容都呈现，用户就没必要看视频了，因而影响完播率。

正确的做法主要以下有三种。

✦ 提纲挈领，概括内容的主题和亮点。

✦ 叙述内容背景或视频中未涉及的一些补充信息，将内容大纲简明扼要地提炼出来，让用户对内容有一个了解和预期，进而点开视频观看。

✦ 摘抄文案中最有吸引力的内容或几句金句，引发用户好奇。

总之，要在视频笔记的正文中设置悬念、留足钩子，这样既可以吸引用户观看，还可以引导互动。

小红书平台的笔记自有其风格，我们需要注意匹配。尤其是图文笔记，把写好的文案复制、粘贴到编辑区进行编辑排版，一定要用表情符号或者用"·"和"—"进行分段，再用表情符号、小图标做要点序列号或排版点缀，否则整篇笔记没有版式，全都是文字，很影响用户的阅读体验。

（3）添加#话题和@用户

正文部分不是写完内容就可以，还要带上合适的话题标签。这样能够帮助笔记获得更多的搜索流量，以及增加笔记的推荐流量。

话题该怎么选？要带哪些话题？有两个筛选条件：一是与笔记主题关联度高；二是浏览量大。符合这两个条件的，就是适合笔记的话题。

具体如何搜索和筛选话题呢？大家可以先锁定笔记的关键主

题词。假如这是一篇讲设计主题的笔记，可以点击"#"，搜索"设计"就会出现一系列相关话题，然后逐个往下看，选择与笔记内容契合度高且浏览量大的话题，如图 2-69 所示。

图 2-69　搜索和筛选话题

在"# 话题"旁边还有一个"@ 用户"，如果创作者是矩阵号，就可以 @ 大号或品牌企业号。用户只要点击这个"@"，就能跳转到大号进行关注或浏览笔记。如果对方是 KOL 或自带流量的博主，这样做也能很好地借势吸引粉丝。

另外，大家还可以尽量选择与内容主题相关的热门话题，或者与官方活动相关的话题。这样不仅可以使内容获得更多的曝光机会，也可以提高用户的互动率。

如何找到热点话题呢？你可以找到自己想做话题的爆款笔记，看它带的话题。点击每一个话题，都可以看到该话题的浏览量。选择那些浏览量高且和主题相关的话题使用即可。另外，当你在标签处打出关键词时，系统就会跳出浏览量高的相关话题，选择浏览量较大的几个话题使用即可。

如果是想本地引流的创作者，也可以带上本地城市名称的标签。

（4）结尾植入人设和互动

无论是图文笔记，还是视频笔记，我们都需要有运营意识。用户很可能看完后觉得有用就点赞收藏，然后划走了。所以，我们还需要有一些引导关注的动作。

如果是图文笔记，我们可以专门制作一张精美的关于个人介绍的图片，放在每一篇笔记图片的最后。如果是视频笔记，我们就在视频结尾加上一句简单的个人介绍，可以是一句有记忆点的话，或者自己的口号。例如，我的每个视频笔记最后都有一句"关注我，我是厦九九，涨粉变现都长久"。

（5）添加商品

这是商品笔记带货的关键。创作者在发布笔记时关联与内容主题相关的商品，用户看到内容被"种草"，就可以点击笔记左下角的卡片，进入详情页下单购买。

有店铺的创作者可以直接带自己店铺的产品。没有店铺的创作者在粉丝数量达到 1000 个后就可以开通蒲公英，从小红书平台的选品中心带货。

如果有想要添加的商品，创作者需要先在合作中心进行选品，发笔记时就可以在"添加商品"中找到该商品直接带上。

（6）添加地点

对于想在本地引流获客的个体或商家，发笔记时一定要添加地点。因为在发现页有一个本地的页面，关注本地的用户打开这里就会看到创作者标有地点的笔记，从而增加一个流量入口。同时，平台也会分发给关注本地的用户。

（7）高级选项

在发布页最下方有一个高级选项，点开可以看到以下选项，如图 2-70 所示。大家可以根据需求选择相应的内容。注意，目前这些功能仅在手机端可实现，在 PC 端不可用。

其中，内容合作部分需要账号的粉丝数量达到 1000 个，

图 2-70　小红书手机端高级选项页面

并开通蒲公英合作。创作者在蒲公英平台接到商家广告后，在发布笔记时可以从这里关联品牌合作，选择相应的商家订单，就完成了笔记报备发布。

在发文助手这里，创作者可以对内容进行说明。例如，内容是虚构演绎、由 AI 生成，或者从其他地方转载等。

如果近期有直播安排，创作者可以在发布笔记时设置直播预告，笔记下方就会出现直播预告提醒。用户可以直接点击预约，开播时会收到提醒。这会大大提高直播间的流量。

另外，小红书也支持定时发布。为了保证更新，创作者可以提前编辑未来数小时或几天将要发布的内容，设置好发布的时间，一旦提交就会进入审核环节。提前审核通过，到指定时间自动发布。

2.4.3　发布时间

虽然小红书平台采用基于算法的推荐机制，理论上无论在什么时段发布都能通过算法推荐给那个时间正在看手机且对内容感兴趣的用户，但是用户的行为习惯和心理预期在一定程度上还是会影响他们对内容的点击率。所以，对于创作者来说，找到用户活跃度高、阅读兴趣强的时间就尤为重要。

具体选择在什么时间发布呢？我们可以参考以下两个原则。

第一，根据笔记针对的用户群体，预判他们的作息和行为习惯。

我们要选择在用户休息时习惯性看手机的时间前 10 ~ 30 分钟发布笔记，给平台审核分发留出一定的时间。创作者越了解自己的用户群体，越知道用户的作息和行为习惯，就越能制定适合的发布时间。

例如，如果你是育儿博主，那么上午 9：00—11：00 可能就是比较适合发布笔记的时间。因为时间太早，目标用户可能正在照顾孩子或准备早餐，根本没时间看手机；时间晚一点，目标用户可能又要开始给孩子准备午餐了。

　　第二，根据内容的题材或类型，判断在什么时间发布更易于被点击和阅览。

　　例如，如果你发布的是与情感相关的内容，那么晚上 9：00—11：00 就是目标用户在忙碌了一天后想放松一下的最佳时间；如果你的内容是励志类的，那么早上 6：00—8：00 可能会更适合，因为这样可以激励目标用户开始新的一天。

　　如果你的内容有一定深度，需要目标用户深入思考，那么早上发表就比晚上发表更好。因为在一天的工作后，到了晚上，目标用户可能已经很疲惫，不会有精力和兴趣阅读有深度的内容。

　　根据以上原则，我总结了几个不同领域的最佳笔记发布时间，供你参考。

- 护肤类：11：00—13：00，20：00—23：00。
- 育儿类：9：00—11：00，20：00—22：00。
- 母婴类：9：00—11：00，20：00—22：00。
- 探店类：12：00—13：00，18：00—23：00。
- 美食类：11：00—13：00，17：00—20：00。
- 美妆类：11：00—13：00，19：00—21：00。
- 家居类：12：00—13：00，20：00—22：00。
- 知识类：11：00—13：00，19：00—22：00。
- 学习类：6：00—8：00，18：00—21：00。
- 情感类：6：00—8：00，21：00—01：00。

另外，创作者还可以参考同行业爆款笔记的发布时间。如果你是商家，有商品笔记带货，就可以观察用户下单的时间并记录下来。通过大量观察和数据分析，最终找到最适合自己的发布时间。

无论是商家，还是博主，都可以遵循以上原则和方法，前期试着在不同时间发布笔记，找到最适合自己的发布时间；找到后，就尽量保持在这个时间，不要随意改变，也让粉丝适应这个时间。

第3章

流量运营：
小红书流量倍增的运营技巧

第 2 章详细讲解了从 0 到 1 做账号的全流程，本章将聚焦于如何提升和放大账号的流量。我们可以从四个方面努力：第一，了解平台流量的分发机制，提升笔记的推荐流量；第二，熟悉平台搜索流量的运营技巧，通过提高笔记的搜索流量增加长尾流量；第三，做账号矩阵，扩大总体流量池；第四，利用 AI 工具提高内容生产效率，通过增加发布数量扩大流量池。

3.1　小红书推荐流量提升技巧

推荐流量是小红书账号的主要流量。要想提升推荐流量，就要了解整个算法推荐机制。从笔记审核机制到分发机制，分发后及时观察笔记数据并分析诊断，及时优化笔记内容，争取更多的推荐流量。

3.1.1　笔记审核机制

任何一篇笔记发布后，都会自动进入机器审核阶段。机器根据平台规则和内容规范进行匹配，判断是否违规。如果违规，则审核不通过；如果不违规，则审核通过。整个审核流程如图 3-1 所示。

笔记发布后，系统通常会在 30 分钟内进行审核。如果超过 30 分钟仍未审核，"笔记催审"入口就会出现。点击对应笔记右上角的"…"，就可以看到"笔记催审"。

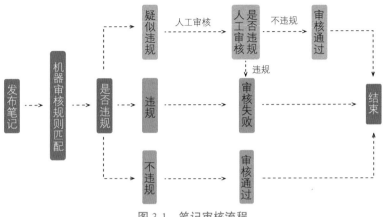

图 3-1 笔记审核流程

要想让笔记流量正常，最应该注意的一环就是笔记审核是否通过。倘若审核没通过，账号主理人自己不知道，又是有时效性的内容，错过被推荐的好时机，就白白浪费了一篇笔记。

笔记审核不通过的情况有两种：第一种是笔记违规；第二种是隐形限流。

（1）笔记违规

笔记违规就是笔记内容违反社区规则，或者内容是平台不鼓励、不推荐的。在这种情况下，系统会推送消息通知账号主理人，并且指出笔记违规的原因。如果账号主理人自检发现确实有违规，那么能直接修改就直接修改。如果是视频笔记，不能直接修改就要删除或隐藏，重新剪辑后再发。

如果账号主理人自检没有违规，或者不明白到底哪里违规，就可以对笔记进行申诉。具体路径：点击主页左上角的三条横线，点击底部中间的"帮助与客服"，点击"笔记申诉"，可以看

175

到所有笔记有没有审核通过，如图 3-2 所示。审核失败的会显示笔记违规，点击"问题反馈"，写明申诉缘由，等待小红书平台答复即可，如图 3-3 所示。

图 3-2　笔记申诉管理页面

图 3-3　笔记申诉问题反馈页面

申诉可能成功，也可能失败。如果申诉成功，笔记会重新被推荐。如果申诉失败，就需要重新修改。

（2）隐形限流

不是所有审核不通过的笔记，系统都会发通知提醒。那么，如何判断笔记是否审核通过呢？我总结了以下几种检测方法。

第一，搜索笔记的完整标题。直接搜索笔记发出时的正文标题，查看是否能搜到这篇笔记。如果能搜到，那就是审核通过并被推荐了。

第二，搜索小红书账号名。点击"最新"，查看刚发布的笔记是否排在最前面。如果没有，那就是还没有审核通过。

第三，试投薯条或聚光投放。如果薯条和聚光投放都显示不能投放，那么多半是这篇笔记包含平台不鼓励的内容。

第四，转发笔记链接到微信对话框。如果笔记显示"在审核中"，那就是还在审核；如果显示"因为其他原因无法展示"，多半就是没通过审核。

第五，看笔记数据分析。点击笔记右上角的"…"，点击"数据分析"，查看单篇笔记分析中的观众来源分析，如图 3-4 所示。如果没有首页推荐，说明笔记没有被推荐到首页。

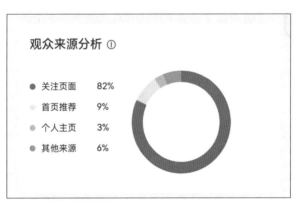

图 3-4　笔记数据分析之"观众来源分析"

那么，笔记审核失败的原因通常有哪些呢？

第一，笔记违规，包含平台不鼓励的内容，常见情况如下。

- ✦ 违规引流，如直接在个人介绍、头像、笔记中放微信号、手机号等。

- ✦ 笔记涉及营销广告。

- ✦ 笔记中含有违规词或敏感词，如一些极限词，或者小红书禁入行业的话题。

- ✦ 笔记内容多为搬运、抄袭他人的。

具体哪些情况属于违规，我建议参考小红书后台"创作中心""规则中心"的社区公约。

第二，笔记包含低质量、低价值、无意义、无营养的内容。

第三，笔记包含高风险内容。对于比较敏感、有风险的内容，薯条小助手在内容规范里有明文规定：避免高风险内容，如涉及医美整形、宣称功效的产品、减肥药等，涉及推荐股票、期货、基金等金融产品，涉及招商加盟、赚钱游戏 App 等。当然，高风险内容也可以发布，但是根据国家政策和平台规则，不会有太多的流量推荐，也不会被广泛传播。

3.1.2　笔记分发机制

早在 2017 年，小红书团队就定下了一个核心指标——用户参与分（Community Engagement Score，CES）。

CES = 点赞数 + 收藏数 + 评论数 + 转发数 + 关注数

笔记被推荐后，系统会根据点赞、收藏、评论、转发、关注的互动情况打分。所得总分会作为衡量笔记质量高低的依据，决定笔记是否会被推荐给更多用户。

网上也流传一份有系数的版本，系数代表每一项互动指标都有不同的权重。

$$CES = 点赞数 \times 1 + 收藏数 \times 1 + 评论数 \times 4 + 转发数 \times 4 + 关注数 \times 8$$

其中，评论和转发的系数是点赞和收藏的 4 倍；关注的系数最高，是点赞和收藏的 8 倍。从小红书内容社区注重"有用"和"粉丝黏性"来看，这个公式有一定的参考意义。

不过，这里缺少了两个核心指标：一个是笔记的点击率；另一个是笔记的完播率（视频）或完读率（图文），以及停留时长。因此，我们可以将 CES 理解为互动数据的评估体系。

笔记能不能被持续推荐成为爆款的关键指标，有点击率、完播率 / 完读率和停留时长、互动数据。

（1）点击率

点击率也称为打开率，计算方法是用笔记的小眼睛数量除以曝光量。例如，笔记被推荐给 1000 人，1000 人中有 100 人点击了笔记，点击率就是 10%。笔记的点击率越高，就越容易被推荐。

小红书推荐页采用双列信息流展示，用户可以自主选择打开感兴趣的笔记。封面和标题直接决定了点击率。如果封面和标题的重点不明，不吸引人，很难激起用户点击观看的兴趣。好看的封面、有吸引力的标题是需要用心设计的。

另外，很多人忽略了非常重要的一点——内容选题，也就是笔记的主题。如果笔记的主题没有话题性，封面再好看，标题用再多的技巧，也很难吸引人，因为笔记的封面和标题也是由笔记的主题决定的。

（2）完播率/完读率和停留时长

完播率是指有多少人完整观看了视频笔记。完读率是指多少人完整地阅读了一篇图文笔记。如果 100 人点击观看，其中有 10 人从头看到尾，那么完播率就是 10%。视频笔记的完播率越高，说明其内容越有吸引力。因为用户点击观看后，能不能看完，以及观看的时间长短，就要靠笔记的质量了。

笔记质量取决于综合因素，包括但不限于整体内容价值、亮点出现频次、剪辑节奏、趣味性和画质。如果是知识类口播视频笔记，或者泛知识类图文笔记，其内容价值对笔记质量会起到举足轻重的作用。完播率越高越好，观看时间越长越好，能高于 60% ~ 90% 的同类作者，视频笔记就很优秀了。

（3）互动数据

互动主要体现在点赞、收藏、评论、转发、关注、弹幕等。如果是商品笔记，下单和加购[①]的数量也会被评估。通常所说的互动率是指笔记的点赞、收藏、评论数量之和除以观看量（小眼睛数量）得到的比值。如果互动率达到 10% ~ 30%，那么笔记

---

① 即点击商品卡，加入购物车。

成为爆款的概率很大；如果互动率低于 3%，那么笔记的流量就很难有起色。

另外，根据 CES 的算法，转发数和关注数也是权重较高的考量因素。一篇笔记的评论越多，被转发的次数越多，因为看了这篇笔记而关注账号的用户越多，就说明这篇笔记的内容质量越好，越会被推荐到更大的流量池。

所以，账号主理人要在笔记中有意识地引导用户多互动、多留言。笔记内容的整体质量高低，以及主题是否共情、是否有争议，也是影响用户能否参与互动的关键因素。

> 理论上，每一篇审核通过的笔记都会有基础的推荐流量。系统会根据内容给笔记打上一系列标签，然后进行小范围的分发测试。例如，笔记被推荐给可能感兴趣的 1000 个用户[1]，也就是有 1000 个用户会在首页看到这篇笔记，然后系统会根据 1000 次曝光得到的用户反馈决定是否给该笔记更多的推荐流量。
>
> 如果推送的用户点击率不错，完播率/完读率和停留时长数据好，互动数据也很高，笔记就会继续被推荐，进入下一级更大的流量池，如 5000、10000，以此类推。如果哪一轮笔记数据没有达到评估标准，系统就会停止推荐。如果第一轮推荐数据就不理想，系统就不会再进行下一轮推荐。

---

[1]　说明：1000 只是为了方便表述的虚拟数字，不是真实数据。

3.1.3 分析笔记数据

账号主理人在发布笔记后，要学会观察数据。如果笔记内容没有问题，但是发布 3 ~ 12 小时后小眼睛数几乎都不增长，就要看笔记是否因违规而不被推荐了。账号主理人可以查看消息栏是否收到系统通知（一般违规会有通知），如果没有，就可以手动检测是否被隐形限流了（3.1.1 节讲过检测的方法）。

如果笔记正常，账号主理人就要观察笔记的短期和中期数据情况，及时进行运营和优化，尽可能让笔记获得更多流量。小红书也为账号主理人提供了多维度的数据分析，只要账号开通专业号和小红书视频号就可以全部解锁。

开通小红书视频号后，账号后台可以解锁创作中心和视频数据，并且拥有视频封面自定义功能。也就是账号主理人在发布视频时可以单独上传封面，这样发布笔记后仍可以对封面进行修改。如果账号没有开通视频号，视频笔记就只能修改标题和正文。所以，如果小红书账号满足视频号开通条件[①]，就应立即开通视频号。

那么，具体从哪里观察数据呢？

（1）单篇笔记分析

一篇笔记会在发布后的第二天下午 3 点以后更新数据分析

---

① 本书截稿前，小红书视频号的开通条件：完成实名认证，粉丝数满 500 个，且至少发布过一条 1 分钟以上的视频，账号无违规。

（如果数据太少，不足以分析，也会暂时看不到）。这是账号主理人发布笔记后最应该关注的数据分析。

具体的查看路径：打开笔记，点击右上角的"…"，选择底部菜单栏的"数据分析"，就能看到笔记发布后的完整数据分析。里面包含几大模块：笔记基础数据、发布后 7 日观看数据趋势、笔记诊断、笔记"种草"数据（仅带货笔记才会显示）、观众趋势（重点看离开趋势）、观众来源分析、官方奖励曝光量（开通视频号后才会显示）、观众画像。

账号主理人在日常运营时，要重点关注笔记基础数据（特别是涨粉和笔记分享数）、笔记诊断、观众离开趋势及观众来源分析。

笔记诊断包括互动、笔记涨粉、点击率、完播率，衡量的标准都是与同类作者相比，是低了还是高了多少百分比。点击"查看诊断详情"，可以看到具体数据的解读和改进建议。我特意找了一篇各个数据都低的案例，如图 3-5 所示。

互动表现低，建议在视频的开头和结尾处多引导观众点

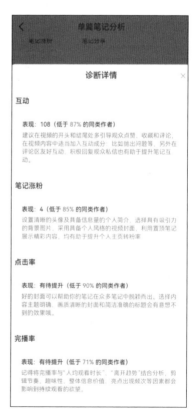

图 3-5　笔记诊断详情

赞、收藏和评论，在视频内容中适当加入互动成分，如抛出问题引导评论、评论区友好互动、积极回复观众私信等。互动数据包括一周内该笔记的点赞、收藏、评论的总和。互动越高，热度越高。

笔记涨粉低，多半是因为账号主页没有搭建好，请参考 2.2.2 节进行设置。另外，账号运营一段时间后，做出了优质爆款笔记，可以利用笔记置顶功能[①]，将最精彩且涨粉最多的两条笔记置顶，这有助于提升个人主页的转粉率。

笔记涨粉是指该笔记带来的涨粉数量，反映了笔记的转粉效率。

点击率低，说明封面和标题不够好，无法吸引人点击观看，建议选择内容主题明确、画质清晰的封面，以及简洁、准确、有吸引力的标题。账号主理人可以运用第 2 章讲述的取双标题的方法进行优化。

完播率低，与开头切入不吸引人，剪辑节奏慢，整体信息价值低、趣味性不够、亮点出现频次低等综合因素有关。所以，不能单独看完播率，还要与人均观看时长、观众离开趋势结合分析，尤其是离开趋势。

以如图 3-6 所示的某篇笔记为例，超过 39% 的用户在 5 秒内离开，说明开头没有留住人。那么，账号主理人就要从切入点、文案、画面及剪辑节奏上分析，看是哪里出了问题。通过这样一

---

① 点开笔记，点击笔记右上角的 "⋯"，即可看到 "笔记置顶"。

次次地分析复盘、迭代优化，账号主理人对内容的把控才会越来越好。

最后是观众来源分析。看这个数据是为了验证笔记推荐的效果。如果观众来源里首页推荐占比很低，往往笔记的点击率也很低。因为点击率低，所以通过首页推荐来的观众少。这时就要想办法提高推荐流量，从封面标题到上述完播率、互动都要整体提升。

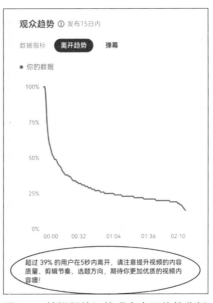

图 3-6　某视频笔记的观众离开趋势分析

（2）数据中心

小红书后台创作中心的数据中心里，有账号近 7 日和近 30 日的账号概览情况和粉丝数据分析。

账号概览包含账号近 7 日和近 30 日的观看、互动和转化数据。近 7 日账号诊断包括观看、互动、涨粉和发文活跃度，以及与同类作者的对比。观众来源分析可以选择近 7 日和近 30 日的数据。观众来源主要有五个渠道，分别是首页推荐、关注页面（粉丝）、搜索、个人主页及其他来源。如果首页推荐量很少或几乎没有，说明笔记没有被算法推荐，很有可能是因为封面或标题不吸引人；如果搜索流量大，说明笔记的关键词布局比较好。

再往下还有"作者推荐"一栏。系统会根据账号主理人的创作方向和当前的账号所处阶段推荐一些相似的作者，而且名单每日更新。创作者从这里也可以发现一些笔记质量不错的同类账号进行学习。

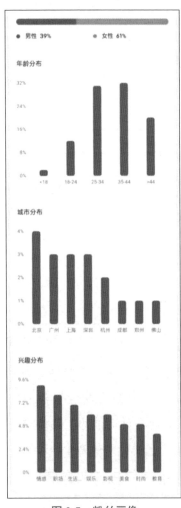

图 3-7 粉丝画像

笔记分析展示了近半年所发布笔记的数据，账号主理人可以按观看量排序，快速了解观看量排名靠前的爆款内容，或者按时间排序，了解近期创作的笔记数量。

粉丝数据展示了近 7 日和近 30 日新增粉丝数、流失粉丝数，以及忠实互动粉丝。近 30 日新增粉丝来源主要有四个渠道，分别是发现页笔记（首页推荐笔记）、搜索笔记、搜索账号和其他来源。如果新增粉丝数太少，系统可能无法分析出来。还有最重要的粉丝画像，包括性别、年龄、城市及兴趣分布，如图 3-7 所示。通过了解粉丝画像，账号主理人才能更精准地挖掘用户需求，创作出用户喜欢的内容；也能验证自己的内容吸引来的是不是目标客群，如果不是，就要对选题和内容进行调整。

有了以上两类短期和中期的数据分析，懂得关注哪些重点数据指标，以及背后的含义和改进的方向，账号主理人就能很好地把控账号的内容和运营情况。

3.1.4 提升笔记流量

有了数据分析和解读，如何有针对性地提升笔记的流量呢？无外乎以下两种方法。

（1）冷启动加热

笔记发布后会有一个冷启动阶段，就是平台会先将笔记推荐给一小部分用户，评估这些用户的反应（是否点击、点赞、收藏、评论、关注），从而判断该笔记内容是否优质。如果数据好，就会进行下一轮推荐，给予更大的推流。所以，如果账号主理人能在冷启动阶段对笔记内容进行适当加热，就能提升笔记的数据表现，从而让笔记有机会进入更大的流量池。

具体怎么做呢？笔记发布之后，账号主理人可以将笔记转发到社群或朋友圈，引导用户完播、点赞、收藏和评论互动。但是一定要注意：视频笔记要完播，如果观众打开看都没看就点赞、收藏、评论，就容易适得其反，让平台觉得账号主理人在作弊。

其中，笔记的评论是比点赞、收藏权重更大的互动指标。所以，当笔记发布后，如果有用户留言，账号主理人一定要及时回复，而且要激发用户参与互动，一来二去，一条评论就可能变成三四条，这样可以增加笔记的热度。

另一个可以使用的技巧就是发弹幕。账号主理人可以自己在视频笔记里多发弹幕，以营造该笔记有很多人互动评论的感觉，这也会带动一部分用户参与互动。

（2）借助数据分析修改封面、标题和正文

前文讲了如何查看每一篇笔记发布后的数据，分析和复盘该笔记的问题出在哪里。点击率低，说明封面标题不吸引人；完播率低，说明内容不够好；互动少，说明缺乏引导；涨粉少，说明账号主理人没有给出让观众关注自己的理由。

这些问题有的需要在下一篇笔记里做优化改进，而有的可以立马修改。如果一篇笔记发布后 12 ~ 24 小时的阅读量和点赞收藏数都很少，小眼睛数量也几乎没有增长，那么账号主理人可以尝试修改封面和标题。如果后台数据分析显示点击率严重低于同类作者，那么账号主理人也可以尝试修改封面、标题和正文描述，说不定能让笔记"起死回生"。

值得注意的是，修改的正确时机是在笔记流量没有达到自己的预期，而且笔记几乎没有被推荐时。如果笔记正在被推荐，还有热度和流量，账号主理人就不要轻易修改，否则会影响流量推荐。账号主理人更不要为了修改一个标点或一个字之类的问题去修改正在被推荐的笔记。

同时，账号主理人也不要在短时间内频繁修改笔记，可以适当修改 1 ~ 2 次。通过对比修改前后的数据，明确修改优化的效果。如果有效，账号主理人就要复盘改动了哪些，为什么这样的改动有效。

如果修改封面标题后，数据还是没提升，那就是内容选题、质量和剪辑节奏的问题了。如果内容质量还不错，那就重点观察观众离开的趋势，开头 5 秒有多少人离开，哪里的跳出率最高，复盘吸取经验教训，下次创作时尽量避免，或者重新剪辑修改后再发布（注意，不要经常重发，重发容易被判定为重复、搬运内容）。

如果选题和内容质量不高，修改了几次封面、标题和正文，数据都没有改善，那就果断放弃，从下一篇开始优化选题和文案，接受沉没成本，而不要耿耿于怀，一直修改一篇笔记。把每一篇内容都当作第一篇内容用心做，刻意练习，只要这一篇比上一篇有进步就是成功。

3.2　小红书搜索流量提升攻略

小红书账号的自然流量包括推荐流量和搜索流量。推荐流量可以理解为发布笔记后的短期流量（通常为一周到一个月）；搜索流量就是发布笔记后，用户通过搜索关键词带来的长尾流量（以往所有被系统收录的笔记，在过去半年、一年都可能被搜索浏览）。

小红书官方数据显示，55% 的用户倾向于通过浏览发现页产生购买欲望（来自于推荐流量），45% 的用户倾向于通过搜索辅助购买决策（来自于搜索流量）。2023 年初的小红书官方数据显示，60% 的日活用户每天都会在小红书上主动搜索，日均搜索查询量近 3 亿次。2023 年 12 月，小红书首席运营官（COO）柯南在与极客公园创始人对谈时说："目前有将近 70% 的月活用户在小红书有搜索行为，1/3 的月活用户打开小红书的第一件事就是直奔搜索。"

搜索的有用性、普适性和工具性也大大增加了搜索流量。而搜索行为既有"种草"的作用，也有促进转化的作用。所以，搜索流量是商家、品牌和个体不可忽略的新媒体营销资源。

3.2.1 搜索流量的运营思路

用户主动搜索关键词，检索出相关笔记并点击浏览，由此给笔记和账号带来的流量就叫作搜索流量。

小红书上的搜索形态主要有以下三种。

形态一：搜索关键词，如"旗袍"，选择"全部"栏，触发笔记（商品笔记或普通笔记），进而关注或点击橱窗购买。

形态二：搜索关键词，如"旗袍"，选择"商品"栏，触发商品详情页，进入店铺浏览，进而关注或购买。

形态三：搜索关键词，如"旗袍"，选择"用户"栏，进入账号主页，触发笔记或店铺商品。

三种形态中比较常见的是第一种，直接触发笔记。

提升搜索流量的底层逻辑有点类似于搜索引擎优化（SEO）。SEO 是利用搜索引擎的规则提高网站在有关搜索引擎内的自然排名，当用户搜索某个关键词时，该网站被检索出来的排名就靠前。而排名越靠前，网站就越容易被点击浏览，进而带来潜在客户和商业交易。

而提升小红书搜索流量，就是利用小红书平台规则提高内容在关键词搜索下的自然排名。排名越靠前，用户点击浏览的概率就越大，流量就越大。另外，该账号下的内容被搜索到的越多，账号流量也就越大。

提高小红书搜索流量是一个系统工程，我总结了商家有效运营搜索流量的几种方法。

第一，不断生产优质内容，靠内容获取免费流量，或付费投流扩大内容曝光量，让更多用户看到内容，同时在内容中和评论区引出产品或品牌，让用户不知不觉被"种草"，进而产生搜索行为。

第二，商家提前布局关键词和活动话题，策划营销推广活动，找 KOL/KOC 和忠实用户一起"种草"，通过商家品牌号发布官方内容，同时邀请 KOL/KOC 发布软广"种草"，用福利刺激用户发笔记晒单，在小红书形成短时间大量"种草"的势能。在这期间，商家要持续跟踪关键词和话题的搜索热度。

这个搜索热度是商家和 KOL/KOC、忠实用户一起热推的。一方面，商家发布笔记时在标题、正文、话题中布局关键词，持续不断地发布内容，让商品在社区中获得曝光。另一方面，铺量"种草"，号召粉丝、用户和博主多发布相关笔记，带相关关键词。

第三，商家品牌号与 KOL/KOC 实施互动，在 KOL/KOC 的"种草"笔记评论区引导搜索商品或品牌，或者在用户好物分享的热门笔记评论区 @ 商家名称或品牌名称，让用户对品牌或商品名称有印象，进而产生搜索行为。

第四，商家付费推广优质笔记，获取更大的曝光流量。前期关键词布局和"种草"笔记铺量完成后，商家可以考虑投放搜索广告进行关键词精准转化。投放搜索广告的流程：登录聚光平台、新建广告、填写推广信息、选择转化组件、审核通过即可开始投放。

付费投流可以提高搜索结果页排序，增加曝光量和点击量。另外，商家也可以多参加商家流量扶持活动，或者发起粉丝抽奖活动，能够增加额外曝光。

第五，承接搜索流量，打造流量闭环。商家在做营销推广前，一定要考虑流量来了该如何承接。例如，某品牌在小红书"种草"了几百、上千条笔记内容，搜索流量有了，也给用户"种草"了，用户如何购买呢？用品牌店铺和自己发布的商品笔记承接，结合商家关键节点或日常直播；或者通过蒲公英合作的达人用购物笔记带货、直播带货或粉丝晒单笔记直接转化销量。

3.2.2　关键词布局

关键词布局是免费提高搜索流量的有效手段，可以帮助笔记内容在用户搜索时获得更好的曝光。通过在内容中注入高频搜索的关键词，可以提高笔记被搜索到的概率，让内容在用户的搜索结果中排名更高，从而增加曝光机会。

如果能够尽可能垂直地在小红书上布局品牌领域的关键词，就能让用户在搜索关键词时第一时间看到品牌信息，从而增加品牌的曝光度。另外，在封面、标题等地方展示内容主题关键词，也能够帮助用户一眼看出内容的主题，引发阅读兴趣，提高阅读率。

我们在商业"陪跑"服务中帮助客户做账号定位时，就已经开始进行关键词卡位。

首先，我们会确定 1 ~ 3 个主打的标志性关键词。这样的关键词既要是目标群体有需求时会高频搜索的，也要是非大众化的，有一定的差异性和稀缺性，并且平台上还没有沉淀太多的相关内容。

然后，我们在做账号时每发布一篇笔记都带上这些关键词，并且通常会把这些关键词做成话题。这样积累到一定程度，只要用户搜索关键词，就能搜到我们沉淀在平台上的内容，进而大大提高转化率。同时，用户只要点击话题，就能看到我们在这个话题下发布的所有笔记，累计起来的阅读量也让人觉得很有说服力。例如，我们给一名做教练技术的客户选定的关键词是"人生教练"，给做了 10 年品牌女装的客户选定的关键词是 "40 岁高级感穿搭"。

筛选关键词

选择用什么关键词，不用什么关键词，是有考量的。

第一，多用热搜词。

热搜词从哪里来呢？

➢ 在搜索页精准查找

在平台搜索页搜关键词。例如，搜 "自律"，系统会自动跳出很多总结性的近期热门关键词，创作者根据需要提取关键词运用到自己的封面、标题和正文中即可。

➢ 在话题热度榜上看上升热点

创作者在搜索发现界面可以看到实时上升的热点话题排名，了解平台用户当天的关注点，从而捕捉热点话题。

➢ 笔记灵感

创作者在 "我"—"创作中心"—"笔记灵感" 里可以看到不同类目的笔记热门话题，根据自己的账号定位和内容规划选择合适的话题。

➢ 爆文关键词

在小红书发现页寻找爆款笔记的关键词，或者搜索相关爆款，提取笔记关键词和精华，在发布笔记时加入爆款关键词。

➢ 评论区留言

关注笔记评论区的用户留言，尤其是自己或他人的爆款笔记下的，根据高赞评论提取用户关注的热点话题，发布相关笔记吸引用户的兴趣。

➢ 社区热搜词

找高需求、高热度、低供给的热词，可以通过小红书店铺后台的"社区热搜词"栏目查找，也可以通过搜索话题看热度，或者借助第三方平台看关键词热度和走势。

社区热搜词的入口有两个：一个是打开小红书商家 App，在首页下滑至"社区热搜词"；另一个是小红书 App—我的—店铺管理—社区热搜词，可以按类目筛选热搜词。热搜词榜单每天下午 3 点更新，点击热搜词还可以找到爆款案例进行模仿学习。

第二，参考长尾关键词。

用户在小红书搜索某个关键词时，平台就会跳出与搜索内容相关的若干个关键词标签。例如，搜索"旅游景点"，搜索结果会附带显示"景点美食""景点攻略""景点民宿""景点旅拍"等相关标签，这叫下拉扩展词。下拉扩展词会在主页搜索时跳出，也会在发布笔记的正文、输入某个话题关键词时跳出。创作者应选择浏览量大且与主题关联度高的词作为关键词。

第三，根据内容主题进行拆词发散，然后筛选更高频搜索、更有热度的关键词。

如果是具体的商品，可以像下面这样拆词。

✦ 核心类目词：口红、外套、裤子、手机壳。

✦ 限定词：功效词——补水、抗衰老、祛斑、控油；场景词——夏季穿搭、氛围感穿搭、圣诞礼物；人群词——学生党、宝妈、打工人、干皮；颜色或适用人群的特征等。

以"微胖黑色阔腿裤"为例，它的形式是"核心类目词＋限定词"，"阔腿裤"是核心类目词，"微胖""黑色"是限定词。核心词往往是类目词，功效词、场景词、人群词往往都是限定词。

植入关键词

那么，具体怎样植入关键词呢？

第一，在笔记中对关键词进行埋词。

将关键词植入封面、标题、正文、视频、话题，做好关键词布局。日常多围绕关键词发新笔记，同时注意将老笔记重新编辑添加关键词。

以我这篇打造个人 IP 的笔记为例，如图 3-8 所示。

图 3-8　笔记示例

封面标题是"个人 IP 定位指南：把握个体崛起黄金 10 年"，正文标题是"普通人如何打造个人 IP 精准变现？这招绝了"。封面标题和正文标题中都有关键词"个人 IP"，正文描述中也多次出现"自媒体""个人 IP""定位"等关键词。结尾带上相关话题，也都是"自媒体""个人 IP""个人品牌"等。这样平台就能比较准确地判断这是一篇关于什么主题和标签的笔记，并且推荐给对这些标签感兴趣的用户。平台推荐越精准，用户的点击率、完播率和互动率就会越高。

除了有意识地布局关键词，日常发布笔记时应在正文末尾插入与笔记主题相关的热门话题。选择话题时遵循两个原则：一是选择与笔记主题关联度高的话题，弱相关或不相关的话题都不要选；二是选择浏览量大的话题。

假如这是一篇讲自律主题的笔记，那么点击"# 话题"，搜索"自律"就会出现一系列相关话题。然后，创作者可以往下滑，选择与笔记内容契合度高且浏览量大的话题，如"# 自律""# 自律女孩""# 自律打卡"等，如图 3-9 所示。

图 3-9　添加 # 话题

第二，增加笔记和关键词的关联性。

笔记和关键词的关联性越强，搜索曝光的可能性就越大。话题不超过 30 个字，基本就是 3 ~ 5 个标签。

第三，要不断提高笔记质量。

数据越好，内容越受欢迎，笔记热度越高，搜索结果排序就越靠前。也就是说，当用户搜索关键词时，那些与该关键词关联度强、优质、有热度的笔记就会被自动筛选出来排在前面，被点击观看的概率就更大。

3.3　做账号矩阵，扩大流量池

账号矩阵是指一个经营主体根据不同的定位、产品和营销等需求，同时注册并运营多个账号。通常由一个做起来的主账号发展多个子账号，用大号带小号，形成矩阵化运营。这样既能在主账号下实现粉丝流量的内部引流，避免粉丝流失，又能扩大账号的影响力，扩大流量池，还能减少运营成本。

每一个真正想要做好品牌、抓住新媒体时代流量密码的企业或个体，都应该重视账号矩阵的布局，快速在小红书"跑马圈地"。

账号矩阵又称"流量收割机"。小红书的算法是赛马机制，笔记的流量好不好，取决于和其他同类笔记的竞争。如果整体的数据表现优异，平台就会给予更多的流量推荐；反之，则给对方更多的流量推荐。对于有能力做账号矩阵的人来说，用 100 个账号发 1000 篇笔记去"赛跑"，肯定比用 1 个账号发 1 篇笔记更容易胜出。

就像 2023 年火遍全网的"张琦"一样，"张琦"这个 IP 运用的就是账号矩阵的典型打法。在起号初期，就用 100 个"张琦"账号同时发布大量的内容，能出爆款的账号留下，不能出爆款的账号淘汰；有流量的爆款选题和内容继续优化复用，没有流量的选题和内容就去掉。很快，"张琦"这个 IP 就在全网收获了上亿的流量。如果我们普通人一个账号接一个账号地做，那是不可能这么快火起来的。不过，"张琦"这个 IP 的母公司博商在这个账号矩阵的打造上花了血本，这种打法对普通人来说并不具备可操作性。

好消息是随着 ChatGPT 等 AI 创作工具越来越成熟，内容的生产效率会大大提升。对于适合打造账号矩阵的企业、品牌方、商家和知识 IP 来说，这是非常大的一个机会。我们不能一下做 100 个账号，但是我们在跑通一个类型的账号后完全可以借助 ChatGPT 等 AI 工具高效创作内容，构建 5 ~ 10 个账号完全是可以实现的。这样就能通过多账号获取流量和客户，十倍、百倍地放大商业价值。

3.3.1　账号矩阵的分类

账号矩阵分为同平台账号矩阵及多平台账号矩阵。

（1）同平台账号矩阵

同平台账号矩阵即在一个平台围绕一个 IP 打造不同的账号，

这种形式的账号命名多以"主 IP 名 + 细分关键词"组成。以"张琦"为例，这个 IP 在小红书上的矩阵账号就有"张琦""张琦商业教育""张琦新商业导师""张琦说商业""张琦老师教商业"等。这些矩阵账号具有相同的人设，账号形象是一个相同的真人 IP。不同账号的定位和垂直领域具有相关性，借此吸引相同属性的粉丝，更高效地进行内部引流。名字虽然不同，但内容基本都是她的直播切片、口播混剪、线下课切片，这种矩阵玩法需要有大量的内容素材及剪辑运营人员配合。

如果你是实体连锁品牌，如连锁餐饮、汽车，就可以采用"1 个品牌企业号 +N 个经销商企业号 +N 个经销商员工个人号"的模式。以奥迪汽车为例，除了企业官方号，每个地方的经销商还会开设相应的企业号，而旗下每个销售员都可以开设个人号。几十、上百个账号一起发内容，其声量必然会上去。

（2）多平台账号矩阵

多平台账号矩阵即一个 IP 在全网多平台同时注册账号，并且保持账号名称、头像、简介等元素的一致性。例如，我的 IP "厦九九"在小红书、抖音、视频号、知乎、B 站、今日头条、百家号等各大平台都有账号，我的日常内容也会同步分发到这些平台，打造全网的影响力。

对于普通博主来说，比较容易打造的是多平台账号矩阵。这类矩阵玩法只需要把其他自媒体平台注册好，把一条内容同步分发到多平台即可，相对来说可操作性强，也不要花太多额外的时间和精力。

3.3.2　账号矩阵快速生产内容的七种方式

做账号矩阵是构建在强大的内容生产能力上的，下面分享七种矩阵账号内容常用的生产方式。

（1）借助 AI 进行二次创作

对于成熟的 IP，主账号已经有很丰富的内容储量，只要对主 IP 已经生产并发布的内容进行整合、延伸、二次创作，就能比较快速地得到新内容。现在 ChatGPT 等大语言模型 AI 工具已经很先进，通过对文案结构、要点、要求的不断投喂，就能比较快地训练出一个 AI 助手，帮你快速二次创作内容。这种方法比较适合知识 IP 类型的账号矩阵。

（2）访谈式拍摄

找出你的小红书想做的 100 个选题并进行内容整理，一次性集中拍摄。具体可以通过搜索关键词，从小红书、知乎、微信公众号、视频号上搜索关注量最大的 100 个问题，通过对这 100 个问题的解答制作成 100 个视频。

一次性集中拍摄可以减少创作的时间成本，尤其是对于 IP 而言，可以大大提高创作效率。

（3）多机位拍摄

小红书及各自媒体平台对完全一样的内容都是有查重机制的，不同的账号多次发同样的内容还会引发限流等对账号不利的影响。

所以，如果你想做账号矩阵，并且内容以视频为主，那就可以用多机位拍摄的方法。这种方法就是采用一套文案，在主 IP 进行拍摄时，用 2 ~ 3 个不同的设备从不同的位置进行录制。一般有正机位、左 45 度侧机位、右 45 度侧机位等。当然，如果有需求，你也可以使用更多的设备从更多不同的方向进行录制。然后，把录制好的素材交给不同的剪辑人员进行制作。这样生产出来的内容，虽然文案是一样的，但画面、配音、剪辑是不同的，在平台的定义里就是不同的内容，不会受查重机制的影响。

（4）多体裁发布

小红书的内容体裁主要分为图文和视频，图文笔记又分为普通图文笔记和 Plog 图文笔记。一篇文案写好后，可以做一条视频内容，做一篇普通图文笔记，再做一篇 Plog 图文笔记。这样就相当于用一篇文案做 3 条内容，可以在 3 个矩阵账号上发布。

（5）将直播内容切片以产生内容的二次利用

直播切片是快速生产内容的一种有效方式。小红书、抖音、视频号等主流自媒体平台在博主直播后都会自动生成回放，博主就可以把回放下载下来，交给剪辑人员进行二次创作。

二次创作时只需要把直播中的精华、有吸引力的片段混剪拼接，再加上有吸引力的开头、标题和封面，就是一条不错的视频内容。

博主在直播时同样可以多架几台设备，从不同的方位进行录制。一场直播的内容如果能切出 20 条内容，同时又有 5 个不同的机位录制素材，那就相当于一场直播可以剪出 100 条内容。尤其是对于方便展示的产品，如服饰、家用电器、食物等，都可以通过对直播内容进行切片的方式，进行内容的二次利用，批量生产带货视频。

（6）线下拍摄内容二次混剪

如果你是一个知识 IP，又有线下课，就可以将线下课的授课过程拍摄下来，并对课程的部分内容进行二次混剪。这样既能实现 IP 账号内容的丰富性，又可以实现 IP 的时间多次利用。

（7）达人"种草"、代播视频

如果你是品牌方，有找第三方达人在平台上"种草"或代播，也可以同对方沟通将素材授权给自己进行二次创作和再利用。

总之，对于创作团队来说，一定要时刻进行拍摄，有意识留足素材。在进行矩阵账号内容创作时，将这些素材交给相应的账号负责人，就可以快速生产出合适的内容。

3.3.3　账号矩阵的团队搭建

内容生产的流程主要包含选题、文案、拍摄、剪辑、封面制作、内容发布及账号运营。一般做账号矩阵的团队会配置三个岗位，分别是 IP、运营岗、拍摄剪辑岗。

IP 主要负责文案撰写或文案终稿优化审核、出镜拍摄。

运营岗主要负责根据整体账号的定位策划选题、提供文案参考或初稿、内容审核、封面制作、内容发布及账号运营。根据公司的账号矩阵数量及内容发布频次要求，运营岗进行内容选题的策划。策划完选题后，运营岗要跟 IP 召开选题沟通会，确认接下来要制作的内容选题，确定后再进行文案的撰写。内容文案的初稿一般会由运营岗进行撰写，初稿写完后提交给 IP 进行优化和审核。

拍摄剪辑岗主要负责根据文案脚本配合 IP 进行拍摄及后期的剪辑制作等。

从人员的配置比例来说，一般情况下 1 个运营岗搭配 3 个拍摄剪辑岗可以负责 3 个矩阵账号。

3.3.4　账号矩阵管理与效果评估

做账号矩阵的最终目的是完成商业变现，这需要我们知道如何正确评估该账号矩阵的商业价值，以便进行下一步的决策。如果整体商业回报率高，那么我们可以考虑进行模式复制，开设更多账号；如果最终效果不理想，则需考虑该账号矩阵后续的调整方向，甚至是否有存在的必要。具体可以按照以下方式进行评估。

我们从该账号矩阵引流多少用户，通过这些用户最终实现了多少销售额及净利润，由此测算出每一个流量的价值。

具体计算方式：假如每个账号矩阵每月引流 1000 人，其中100 人产生了 100000 元的收益，那么每个引来的流量就值 100 元（100000 元 /1000 人），这就是用户价值，也是流量价值。

假设产品的净利润率是 30%，那么该账号矩阵每月产出的利润就是 100000 元 × 30%=30000 元。

而账号矩阵的成本（主要为人工成本）是 20000 元，那么投资回报率[①]就等于（30000–20000）÷ 20000=50%。

只要经过测算，最终的投入产出是划算的，那么该模式就可以继续经营下去，否则就需要考虑是否进行调整和削减。

对于做账号矩阵，有一点需要非常明确。那就是对我们来说，最终追求的并非粉丝量，而是引流量和转化量。一个账号哪怕涨粉数据不佳，只要引流来的都是精准粉丝，都能高效转化，那么这个账号就是有价值的；反之，如果一个账号虽然看起来一直在涨粉，但是引流来的人几乎没有转化，那么再多的粉丝量都是没有用的。总之，我们需要挖掘的是粉丝的商业价值。

另外，如果是 6 ~ 10 个矩阵账号，由运营岗进行人工管理即可。如果矩阵账号过多，我们就可以考虑使用一些矩阵管理工具。例如，我们通过新榜的矩阵通不仅可以管理同一个平台的多个账号，还可以统一管理抖音、快手、公众号、视频号、微博、小红书和 B 站这七个平台的账号。

3.3.5　账号矩阵常见的八大问题

问题 1：一个手机号可以注册多少个小红书号？

小红书采用一号一卡制，即一个手机号只能注册一个小红书

---

① 投资回报率＝年利润或年均利润 ÷ 投资总额 ×100%。

号，同时一个身份证只能绑定一个小红书号。如果你想做的矩阵账号数量在 10 个以内，可以借用家人的手机号、身份证注册和认证。

问题 2：在同一个手机上来回切换账号，会不会影响账号？

小红书有很多禁入行业，如果你从事这些禁入的风险行业或存在严重的违规行为，小红书是会对你的设备进行封禁处理的。如果设备被封禁，该设备上的所有账号都会被限制登录。所以，我建议不要在同一个手机上来回切换账号，而应尽可能做到一机一号。

问题 3：想让员工做矩阵账号，账号的归属问题怎么处理？

公司的核心账号及花重金打造的账号，尽可能用公司创始人及绝对信得过的人去认证。小红书账号一旦完成实名认证，就不可转让，只能注销。因此，最好为每一个账号配备一部手机。

对于非核心账号，公司可提前和员工做好约定，签订好账号归属协议，约定好离职后账号归属问题的解决方法。

问题 4：做矩阵账号，要不要注册蓝 V 认证的企业号？

我的建议是要注册。因为小红书的企业号蓝 V 认证是企业的一种身份认证，如果你是商家，蓝 V 认证的企业号就是你的品牌官方账号。你可以在企业号上开店铺，上架所有的商品。目前，小红书上一个企业号的店铺可以关联三个个人号。完成账号关联后，个人身份主页还可以直接跳转到店铺、发布商品笔记，增加店铺、商品的流量入口。

商家做账号矩阵，就是用一个企业号和多个个人号的组合方式。个人身份的个人号做分享，企业身份的企业号做经营，联合打造更丰满的品牌画像。

问题 5：企业号认证需要费用吗？

蓝 V 认证的企业号审核费用为 600 元 / 次，订单支付成功后将由小红书的审核服务商审核；单次审核订单有效期为 30 天，逾期未完成认证或不符合小红书平台相关认证要求的，将做认证失败处理；小红书企业号身份有效期为 1 年，每年做一次年审；认证失败的，不退还审核服务费。

问题 6：原封不动地照搬旧内容，或者发完全同质化的内容会有流量吗？

小红书平台在内容查重上有比较严格的审核机制，账号主理人务必记得在内容上不要直接原封不动地搬运。即使内容相似，账号主理人也要对原内容、原视频进行二次加工，使其在剪辑手法、画面、文字和音乐上形成差异。

问题 7：可以多建几个账号，在上面直接发广告吗？

这也是很多人常犯的错误，账号上只是批量发一堆广告，没有利他的内容。这种营销号通常没有什么流量。要记住，我们不是做矩阵营销号，而是做矩阵 IP 号，营销号是没有价值的。

问题 8：商品比较单一，适合做账号矩阵吗？

如果你的商品比较单一，其实不适合做账号矩阵。

账号矩阵想要长期运营是需要有源源不断的内容做支撑的，而过于简单的产品很难支撑其长期更新笔记的内容。这种情况更适合找一些与粉丝画像匹配的达人"种草"带货，利用达人本身的粉丝和流量带来一波新的曝光和销量。

3.4 利用 AIGC 降本增效

随着人工智能和机器学习技术的发展，AI 生成式内容开始出现，这就是 AIGC，即通过 AI 应用软件快速生成大量文本内容。AI 可以帮人们写文章、写脚本、写营销文案，甚至找选题、起标题、做图和制作视频，大大提高了内容生产效率。

市面上的 AI 工具有很多，使用较多的是 ChatGPT、NotionAI 及文心一言等。这些 AI 工具能够自动化生成高质量的文本内容，极大地提高写作效率。在视频制作方面，剪映等智能视频编辑工具通过 AI 技术可以快速剪辑、优化视频内容，大大缩短了视频制作周期。

这里重点介绍 ChatGPT，这是由 OpenAI 开发的一款基于 GPT-3.5 模型（或其后续版本）的聊天机器人。它是一个非常强大的自然语言处理（NLP）模型，可以通过简单的文本输入进行一问一答；其局限是可能会生成不准确或不可靠的信息，同时也可能缺乏对特定领域或上下文的深入理解，因此通常需要人类的监督、验证和编辑。本节就讲述如何利用 ChatGPT 提高文案创作效率。

3.4.1　使用 AI 生成爆款文案

先来看一个真实的案例。我团队的一员曾利用 AI，仅花 5 分钟就创作出一篇点赞量过千的爆款笔记，如图 3-10 所示。

图 3-10　用 ChatGPT 创作的爆款笔记

其具体的创作过程如下。

在 ChatGPT 对话框中输入以下创作提示词指令。

帮我写一篇财富能量语，发布在小红书平台，尽量多出现财富、能量、丰盛等词语，态度积极肯定，能够体现对财富的感恩；篇幅在 300 字左右，以"想要吸引更多的财富能量，每天睡前重复以下语句 3 遍"作为开头。

ChatGPT 会做出以下回答。

想要吸引更多的财富能量，每天睡前重复以下语句 3 遍。

我感恩现在已经拥有的一切财富和能量，它们为我带来了无尽的机会和可能性。

我愿意接受更多的财富和能量，因为我知道它们可以让我变得更加自由、更加自信，也可以让我实现更多的梦想和目标。

我相信自己内在的能量，我会不断地挑战自己，超越自己，创造更加丰盛的人生。

我会积极地发掘自己的潜力，不断地学习和成长，让自己变得更加优秀，也为自己带来更多的财富和机会。

我感恩身边的人和事物，因为他们都为我带来了无数的财富和能量。我会用心去对待他们，感恩他们，也会把这份感恩之心传递给更多的人。

最后，我相信，只要我内心充满感恩和正能量，财富和能量就会源源不断地涌入我的生命中，让我变得更加丰盛、更加充实、更加幸福。

得到的上述回答还有待优化，于是我们进一步给出以下具体的修改提示词指令。

我相信自己内在的能量，我会不断地挑战自己，超越自己，创造更加丰盛的人生。

我会积极地发掘自己的潜力，不断地学习和成长，让自己变得更加优秀，也为自己带来更多的财富和机会。

我感恩身边的人和事物，因为他们都为我带来了无数的财富和能量。我会用心去对待他们，感恩他们，也会把这份感恩之心传递给更多的人。

最后，我相信，只要我内心充满感恩和正能量，财富和能量就会源源不断地涌入我的生命中，让我变得更加丰盛、更加充实、更加幸福。

上面文字，每个段落都要与财富相关。

ChatGPT 会做出以下回答。

我深信自己内在蕴含着无限的财富能量，我会持续地挑战自己、突破自我，为自己创造更加充盈、富足的人生。

我积极探索自己的潜能，不断学习和成长，不仅可以让自己变得更加杰出，也能够为自己带来更多的财富和机会，让自己实现更多财务上的目标。

我对身边的人和事物怀着无限感激之情，因为他们为我带来了无数的财富和机遇。我会用心对待他们、感恩他们，因为我深知感恩之心能够吸引更多的财富和丰盈的能量进入我的生命。

最后，我坚信，只要我内心充满感恩和正能量，财富和机遇就会不断地涌入我的生命中，让我变得更加富有、充实、幸福。

这样经过 2 ～ 3 次的优化调整，我们就能够得到比较满意的回答。

这里面的核心关键点在于掌握创建提示词的技巧。提示词是引导 AI 理解创作者的创作意图、精准把握创作者需求的桥梁。一段准确的提示词能明确指示内容风格、主题和结构，使 AI 的输出更贴近创作者的想法。

如何创建提示词呢？我总结了简单、易上手的提示词创建三要素。

✦ 提供相关背景，尽量充分详细。

✦ 布置清晰任务，明确告知要帮我做什么。

✦ 提供关键结果，告知想要什么具体的效果。

得到回复后，我们继续给出修改、优化的提示词，直到最终定稿。

提问：

现在你是小红书身心灵领域博主，在该领域有 5 年的工作经验（背景）。你的任务是撰写一篇 800 字左右的小红书视频文案，题目是"如何更好地爱自己"（任务）。你的文案风格：有亲和力，同理心强，容易与用户产生共鸣，同时不要太生硬，要多举例（关键结果）。

ChatGPT 回答：

标题：如何真正爱自己

【开场】

你好，亲爱的朋友们，我是你的身心灵博主，今天我要与你们分享的主题是如何更好地爱自己。你可能听过这样一句话，"爱自己是长期幸福的开始"，但实际上如何做到呢？让我们一起探讨这个问题。

【正文】

首先，我们要做的是接纳自己。每个人都有优点和不足，这是我们成为独特个体的原因。你可能有你不喜欢的地方，但请记住，这些都是构成你的部分。尝试写下你自己的 5 个优点和 5 个缺点，然后对着镜子大声说："我接受我自己，我爱我自己。"

其次，关心自己的需求。我们通常倾向于忽视自己的需求，而专注于他人。但是，如果我们不照顾自己，我们如何有能力去爱别人呢？试着每天问自己："我今天需要什么？"并尽力去满足这些需求。

最后，对自己宽容。我们都会犯错，因为这是我们学习和成长的过程。当你觉得对自己太苛刻时，想象一下你会怎么安慰你的好朋友，然后用同样的方式对待自己。

【结尾】

记住，爱自己并不是一夜之间就能实现的事情，而是需要时间和耐心的。希望通过这个视频，你能学会如何更好地爱自己。最后，让我们一起做一个小练习，闭上眼睛，深深地呼吸，对自己说："我值得被爱。"

【结束语】

感谢你们的观看，希望你们从今天的分享中获益。如果你喜欢这个视频，请记得点赞和分享。我们下期再见，爱你们。

之后进行下一步：改进优化提示词。

提问：

我们先来优化标题。小红书标题在 20 字以内，我们这篇可以采用"数字式＋痛点式"的形式。

ChatGPT 问答：

当然，改为数字式和痛点式的标题可能会更具吸引力。让我们尝试这个标题："三步轻松学会自爱：别再让内心空虚折磨你"。

提问：

再来优化文案，总共 800 字左右。

开场要直击痛点，引用金句并阐述现代很多人都不懂得爱自己，但爱自己又是特别重要的。这部分 100 字左右，不要多。

正文直接阐述学会自爱的三个步骤：第一步，第二步，第三步，上干货并举例。这部分 600 字左右。

结尾总结概括，号召大家一起来爱自己。这部分 100 字左右，结束语可以去掉。

ChatGPT 问答：

【开场：100 字左右】

你好，亲爱的朋友们，我是你的身心灵博主。有人说："人的一生应该是热爱自己的过程。"但现代社会的快节奏生活中，我们常常忘记了如何爱自己，甚至对此感到迷茫。然而，自爱是我们生活的基石，只有先爱自己，我们才能更好地去爱别人。今天，我要和大家分享一下，如何在这个快节奏的世界里，通过三个简单的步骤来实现真正的自爱。

【正文：600 字左右】

首先，我们要做的是接纳自己。接纳自己意味着接受自己的优点和不足。想象一下，你正在看一部电影，电影中的主角有他的优点和不足，他可能并不完美，但这就是他，他的独特之处。现在，把这个视角转向自己，接受自己就是这样一个有优点和不足的人，而这就是你，你的独特之处。写下你自己的 5 个优点和 5 个缺点，然后对着镜子大声说："我接受我自己，我爱我自己。"

其次，关心自己的需求。每个人都有自己的需求，无论是身体的，还是精神的。让我给你举个例子，你可能经常忙于工作，忽视了自己需要休息的事实。但是，你需要意识到，你的身体和精神都是你达到生活目标的工具。如果你不照顾好自己，你将无法达到你的目标。每天问自己："我今天需要什么？"然后尽力满足这些需求。

最后，对自己宽容。我们都会犯错误，这是我们学习和成长的过程。让我们设想一下，如果你的朋友犯了一个错误，你会责备他吗？或者你会理解他，告诉他每个人都会犯错误，这是成长的一部分。用同样的理解和宽容对待自己，当你犯错误时，告诉自己："这是成长的一部分，我可以从错误中学习。"

【结尾：100 字左右】

爱自己并不是一夜之间就能实现的事情，而是需要时间和耐心的过程。现在，你已经掌握了自爱的三个步骤：接纳自己，关心自己的需求，对自己宽容。请记住，没有人比你更值得你的爱。希望你可以把这些步骤应用到你的生活中，让自爱成为你日常生活的一部分，一起让我们的生活充满爱。

就这样经过多次优化、修改，最终打磨出令自己满意的内容。多次练习后，运用就会越来越熟练。

由于 AI 不熟悉账号主理人所在的领域，又不懂小红书内容创作的技巧，所以一开始创作的内容往往没有那么理想。如果账号主理人学会了"喂养"和"驯化"AI，积累一段时间后，AI 创作出来的内容就会更加接近自己的预期。

3.4.2　使用 AI 生成爆款标题

小红书的内容标题对浏览量起到至关重要的作用，与其自己冥思苦想，不如使用 AI 快速生成大量标题供我们选择。由于 AI 并不知道小红书爆款标题的规律，这时我们就可以把 2.4.1 节讲的起标题的 13 个方法直接"投喂"给 ChatGPT，让它先学习，再模仿着使用这些方法写出标题文案。

例如，我们输入 13 个标题技巧和举例的文本后，接着输入："以上是写标题的方法，运用这些方法写一个标题，字数在 20 个字以内，主要讲 5 种缓解焦虑的方法。"

ChatGPT 问答：

下面是针对缓解焦虑的标题，运用了一些标题写作方法，字数在 20 字以内。

"焦虑困扰？5 招缓解方法，重新找回内心平静！"

提问：

用给定的 13 种方法，分别写一个标题。

ChatGPT 问答：

用给定的 13 种方法写的标题如下。

（1）情绪代入式：压力山大，焦虑紧迫！你敢不敢挑战一下？

（2）直呼受众式：职场精英们，焦虑不再是难题！

（3）提问式：你的焦虑情绪如何消除？我们有答案！

（4）悬念式：5 种缓解焦虑的方法，第三种绝对出乎意料！

（5）数字式：5 种科学有效的方法，轻松缓解焦虑！

（6）利益式：改善生活质量，焦虑不再是问题！

（7）对比式：消除焦虑，传统方法与现代方法，哪个更有效？

（8）颠覆认知式：放下困扰，焦虑也能成为动力！

（9）痛点解决式：停止焦虑，找到内心的平静，这是如何做到的！

（10）借力式：专家支招，5 种缓解焦虑的方法，你不容错过！

（11）共鸣式：有人懂你的焦虑，让我们一起应对！

（12）命令式：别再忍受焦虑，采取行动！

（13）概括式：缓解焦虑，关键在于这 5 种方法！

如果我们对生成的标题不满意，想要运用多个技巧，而不是单一的技巧，就可以选择其中一个相对好一些的标题，让 ChatGPT 进行优化。

提问：

假如你是小红书身心灵博主，你的任务是对以下标题做进一步优化。

标题：5 种缓解焦虑的方法，第三种绝对出乎意料！

优化要求：悬念式 + 数字式。

我希望你提供 10 个新标题，每个标题的字数控制在 20 字以内。

ChatGPT 问答：

以下是 10 个优化后的标题，每个标题都结合了悬念式和数字式，字数都在 20 字以内。

（1）5 种缓解焦虑方法，第三种，意想不到的惊喜！

（2）5 种缓解焦虑的方法，你猜不到第三种！

（3）5 种焦虑解决方案，第三种竟然如此出乎意料！

（4）5 个缓解焦虑的秘诀，第三个绝对让你惊艳！

（5）5 种方法缓解焦虑，第三种，意想不到的亮点！

（6）缓解焦虑的 5 种方法，猜猜第三种是什么？

（7）5 个解除焦虑的策略，第三个，你想不到的特别！

（8）解决焦虑的 5 种方法，第三种，带来意外的惊喜！

（9）5 个缓解焦虑的诀窍，第三个令人意外！

（10）5 个方式解决焦虑，第三个，让你大吃一惊！

我们选中其中一个，如"5 种焦虑解决方案，第三种竟然如此出乎意料"，然后让 ChatGPT 生成一组小红书双标题。

提问：

"5 种焦虑解决方案，第三种竟然如此出乎意料"这个标题不错，请进一步优化延展出 3 个封面标题。标题要醒目，字数较少。还有一个正文标题，20 字以内。

ChatGPT 回答：

当然，以下是一组小红书爆款标题，包含封面标题和正文标题。

封面标题（醒目，字数较少）：

（1）焦虑问题？5 种方法，第三种惊喜！

（2）解锁内心平静：意外的焦虑解决方案！

（3）焦虑不再困扰！第三种方法出其不意！

正文标题（20 字以内）：5 种焦虑解决方案，第三种竟然如此出乎意料！

最终，我们得到一组小红书双标题。

封面标题：焦虑不再困扰！第三种方法出其不意！

正文标题：5 种焦虑解决方案，第三种竟然如此出乎意料！

如果不够满意，我们还可以通过具体指令让 ChatGTP 进一步优化调整。

3.5　高效涨粉的秘诀

对于客单价比较高的产品或服务，销量还是比较依赖粉丝及粉丝黏性。1000 个高黏性的精准粉丝，其变现能力强于 10000 个陌生流量或 5000 个泛粉。尤其在笔记带货或直播带货时，粉丝黏性的强弱决定了销量的高低。

2023 年小红书官方后台数据显示，店铺成交用户中粉丝占比约 75%，粉丝客单价是平均客单价的 1.3 倍，粉丝货单价是平均货单价的 1.2 倍；直播观众中粉丝占比约 25%，粉丝观看时长是普通用户的 3.2 倍，粉丝购买转化率是普通用户的 1.6 倍。

3.5.1　如何高效涨粉

先来做一个诊断：如果你账号的赞藏数与涨粉数之比大于 10 : 1（赞粉比大于 10），说明内容的转粉率不高，粉丝黏性也不强。根据经验，抛开内容质量好坏不讲，这样的账号往往没有人设，没有温度和情感，多半是资料号、素材号和工具人账号；或者是一些讲热点事件、科普知识，但没有自己观点和见解的账号，如书单号、知名人士访谈切片、影视明星段子等。

如果你刚好被我说中，就要重新调整做号思路。我们首先要明白小红书的涨粉路径，如图 3-11 所示。

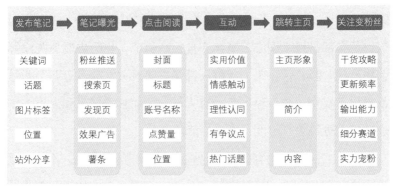

图 3-11　小红书的涨粉路径

从笔记曝光开始，每一个环节的数据会呈漏斗形递减。影响每个环节流转到下一个环节的关键因素，我都在图中列出来了。把握住这些关键因素，就能改善转化效果。

前文已经讲过如何优化提升发布笔记、笔记曝光、点击阅读、互动这四个环节，剩下的就是最后两个关键环节。

在用户关注变粉丝的上一个环节是跳转主页。主页呈现的整体观感，如简介清晰明了、账号功能明确、主页整洁好看、内容有价值感，对转粉会起到至关重要的作用。用户关注你的核心原因就是你这个人有料、有闪光点，或者你这个账号有价值，能让他学到东西，对他的生活及工作有帮助。

这里主要取决于两个因素。

第一，账号主页设置，可以参照第 2 章的内容进行优化。

第二，有人设的账号比没有人设的账号更容易被关注，号设一体比号设割裂更容易被关注。

假如有两个账号，一个叫"穿搭小百科"，另一个叫"美学顾问锦瑟"，前者就是博主去时尚杂志或网站上复制一些穿搭知识，后者都是博主用心分享并亲自穿搭示范，你会更愿意关注哪个账号呢？我相信，绝大多数人都会更愿意关注后者。两个账号都提供了实用价值，但后者是有人设的。而且，账号和人设一致会让用户觉得更有温度、更值得信任。

企业、商家做内容，不要自顾自地展示自家产品，不管不顾地发产品图片和介绍。除非知名品牌，有很多忠实用户。如果是初创品牌或中小品牌，一定要做一个有人设、有温度的账号，或者有人情味地展示某种生活方式。如果创始人愿意打造个人 IP，那么做真实人设会更好。

我的学员中有一位做了十年定制女装品牌的主理人，她的店有一个特色，就是开在大山里，足足有 2 万平方米。因为十年深耕私域，所以她并不缺客户。但是，她也想把公域流量做起来，以便持续吸引新客源。因此，我们就在人设里主打这一点，展示山里开店的 Vlog，围绕主理人 30 多岁远离城市到山里开店的理念、生活方式和店里工作日常，同时传递品牌价值观、服装理念等。

在建立"开在山里的服装店"这个品牌并占领"30 多岁远离城市到山里开店"的人设后，我们继续为目标用户提供价值，通过搭配攻略、穿搭公式、美学知识、搭配合集等，让用户更充分地了解品牌专业性，建立更加全面、立体的认知，不断增强信任，最终转化为客户。

跳转主页前面的环节是互动。用户给你点赞、收藏、评论，有且仅有一个原因，就是你的内容有信息量、有价值、有干货。什么样的内容更容易激发用户互动呢？那就是提供实用价值，有情感触动或理性认同，有争议点或讲热门话题。

3.5.2　如何提高转粉率

根据我涨粉 45 万个的经验，有争议点或讲热门话题虽然能增加互动，但不一定能涨粉。真正有商业价值的互动和转粉，应该主打价值。高转粉率的内容通常都离不开四类价值：情绪价值、实用价值、决策价值和资讯价值。

情感触动和理性认同就是情绪价值。例如，讲个人经历、故事、体验，引发共鸣和启发，或者能让"我"宣泄情绪、满足情感需求的内容。压力大、很焦虑，看完你的内容被治愈了，身心都变得放松；或者看了你的视频或图文赏心悦目，非常喜欢。这都是情绪价值。

实用价值是指对用户有用的内容，对方知道了有帮助，或者拿来就能用。例如，讲干货、攻略、认知，分享经验、知识、技能。很多知识博主、教育博主和一些专业人士（如医生、老师、设计师）分享的内容提供的都是实用价值。

决策价值是指当"我"要买什么、看什么、学什么（做决策）时，希望有一个比"我"专业或有经验的人给"我"建议。他们可以通过做测评、分享避坑经验等方式提供决策价值，像测评博主、读书博主、好物分享博主、KOC、时尚博主、家居博主等都属于这一类。

资讯价值是指分享一些用户不知道的新鲜事或最新信息。这个世界永远存在信息差，总有人不知道但你知道的，知识分享就是把我们知道且相信的东西告诉别人。假如在国外或去旅行，有一些当下正在发生的事是你知道但用户不知道的，或者有一些人事物是你见过、经历过但用户很少见到的，比如赶海博主、旅行博主等提供的就是资讯价值。

创作者在做内容时对照四大价值，判断自己的内容有没有提供以上四种价值中的至少一种。如果都没有，那么内容不可能带来很好的流量。

最后总结一下涨粉的逻辑，笔记内容作为前端吸引用户的流量入口，而最终能决定用户是否关注的是账号的整体质量及能否持续稳定地提供价值。快速涨粉的核心总结起来就三句话：第一，创作有价值的优质笔记，笔记越爆，涨粉越多；第二，从外到内提升账号主页的整体观感和价值感，让第一印象就加分，并且持续稳定地提供价值，能够提升路人转粉的概率；第三，有真实人设和温度的账号，比工具人账号更容易被关注。

第 **4** 章

流量变现:
小红书多重变现闭环

小红书账号商业变现的能力不取决于粉丝量的多少，而取决于账号及主理人的商业价值。这也是为什么一些拥有百万粉丝的大博主的变现能力还不如一个只拥有 10 万粉丝的小博主强。账号的商业变现能力是多方面综合因素决定的，包括定位、人设、粉丝精准程度、粉丝质量，以及商业模式和运营精细程度等。而账号的变现方式是相对固定的，无非电商卖货带货、接广告、知识付费和引流私域或线下消费。本章首先综述这四种主要变现方式，接着详细讲述其中涉及的店铺运营、笔记带货、直播带货、引流获客、运营团队搭建与管理五大模块。

4.1 小红书流量变现的主要方式

有人说，小红书是所有内容产品平台最羡慕的对象。因为小红书拥有的几乎是一个内容产品所能拥有的、最大的变现潜力——成功聚集了中国最有消费能力的人群。用户来小红书的核心目的之一，就是"种草"和做出消费决策。

面对当前商业价值最大的用户群体，账号主理人如何在小红书变现呢？不同账号主体的主要变现方式是不同的，我总结了以下最常见的四种。

+ 商家、品牌做电商。

+ 博主、达人接广告或做买手带货。

+ 知识或技能类博主打造个人 IP，做知识付费。

✦ 实体店引流线下消费。

4.1.1　商家、品牌做电商

如果你是商家、品牌、实体店或有实物商品的个体，主要变现方式就是做电商；实现路径是一边做账号发笔记，一边开通店铺上架商品，然后靠直播带货或笔记带货销售商品。如果是高客单价商品和服务，还能通过笔记、店铺、直播、群聊精准获客，持续引流到私域进一步成交和复购，实现流量多重变现。

小红书的电商模式是 B2K2C 循环的，如图 4-1 所示。

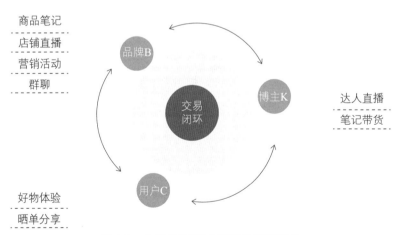

图 4-1　小红书 B2K2C 循环的电商模式

商家及品牌通过商品笔记、店铺直播、营销活动、群聊等直接触达用户，实现商品买卖，这是 B2C。同时，商家、品牌可以通过蒲公英平台寻找适合的博主定向合作，或发起招募吸引博主报名，这是 B2K。

博主自己也可以在选品中心自主选择商家的产品进行笔记带货或达人直播，从而触达粉丝，实现买卖，帮助商家、品牌增加声量和销量。这是 K2C。

用户购买产品并使用后，可以晒单分享。有些用户在成长为博主的过程中会通过好物体验申请产品免费体验，只需要发布体验笔记。这些晒单分享和体验笔记又为商家、品牌再一次实现"种草"传播。这是 C2B。

小红书加快了完善站内闭环电商的脚步，重点扶持买手电商，侧重于建设让供给侧的各个角色在这里完成从"种草"到"拔草"的闭环链路。它一方面鼓励商家、品牌开设买手型账号，另一方面扶持买手、主理人等个体"种草"带货。

在 2023 年的"618""双十一""双十二"期间，小红书出台了很多扶持商家做电商的政策，提供亿元级平台补贴、百亿流量激励。每月达到一定销量的商家店铺还会有大额流量扶持和现金返现。

商家做好电商的核心，一是流量，二是转化。

先说流量。用户流量来自信息流（首页推荐、关注优先推荐、直播）、搜索和商城，如图 4-2 所示。信息流和搜索流量取决于笔记权重，商家也可以对转化率高的笔记适当付费投流。商城的流量取决于商品权重，而购买数量、评价、搜索热度都会影响商品权重。

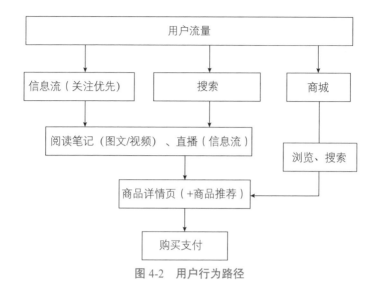

图 4-2　用户行为路径

再说转化。商家要关注运营指标，找准核心问题，优化运营策略；同时关注店铺后台数据分析，关注转化漏斗（见图 4-3），持续优化各项指标。

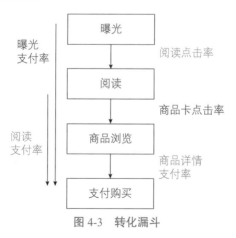

图 4-3　转化漏斗

商家通过笔记将商品的使用场景具象化，激发消费者的兴趣；把商品包装到普通笔记、带货笔记、直播间里，用内容和直播触达消费者，激发他们原本并未意识到的潜在需求并购买。

综上所述，运营好小红书电商，无外乎发布优质内容、运营好账号、发笔记带货、做店铺直播、找达人合作（购物笔记＋达人直播带货）或"种草"（软广），以及做营销活动或投放。

4.1.2　博主、达人接广告或做买手带货

广告和电商是小红书的两大主要营收来源。大部分品牌仍将小红书视为内容"种草"平台，随着小红书开始商业化。2023 年入局小红书做"种草"宣传的品牌变多了。除了美妆、时尚、家居、宠物等既有优势类目，手机、3C、汽车、运动、健康、生活方式类相关品牌在小红书的投放动作也加大了。

小红书如此受品牌方青睐，是小红书的基因决定的。《小红书：优质 UGC[1] 电商生态，内容、用户、变现多维提升》显示，90% 的小红书用户在购买产品前有过在小红书搜索的行为。60%的用户每天都会在小红书高频搜索，日均搜索查询量近 3 亿次，会直接影响用户的决策。所以，几乎所有品牌在做曝光和"种草"时都必然会选择小红书。

在小红书创作优质内容的博主们随着粉丝量的增长，有相对稳定的阅读量和点赞、收藏、评论数量，就会有品牌方主动找来

---

[1]　即用户生成内容。

进行"种草"广告合作。我的很多学员只有几百个粉丝，也有广告商家寻求合作。双方洽谈妥当后，博主根据品牌方的要求创作并发布"种草"笔记，就可以获得广告费。

接品牌"种草"广告的方式有以下两种。

（1）报备笔记合作

通过小红书蒲公英平台接单、交付的品牌内容合作笔记称为报备笔记。博主在蒲公英平台设置资料信息和广告报价，品牌方或商家通过蒲公英平台找到符合条件的博主下单并建立联系，进行内容合作。

博主按照品牌方的要求创作内容，发布笔记前先向品牌方确认内容信息无误再发布，发布时一定要关联品牌方的报备信息。具体操作：点击编辑界面最下方的"高级选项"，然后依次选择"内容合作""绑定订单"，即可绑定合作的品牌方报备信息。完成后，品牌方在蒲公英平台上给博主结算广告费。

整个交易在蒲公英平台上完成，公开透明，对博主和品牌方都有保障。在报备笔记合作中，品牌方和博主都会被平台抽走订单金额的 10% 作为服务费。

博主入驻蒲公英平台有一定的门槛。开通专业号、粉丝数量达到 1000 个，可以申请开通蒲公英内容合作。平台根据账号的每月运营情况给予健康等级评估，等级为优秀者享受平台接单权限（在合作广场，博主可以报名商家合作）和平台派单资格（系统推荐匹配合作信息供报名），以及广场多资源位曝光，获得更多接广告的机会。

如果你是品牌方，投放报备笔记可以在后台直接查看笔记合作的数据效果，有助于判断整体的投放质量。对于曝光量高、转化率好的笔记，品牌方还可以找官方买流量助推，持续给有价值的商业笔记加热，带来更大的经济效益。

（2）非报备笔记合作

不通过小红书蒲公英平台接单、交付的品牌内容合作笔记就是非报备笔记。一些对接品牌和博主的营销人员或 MCN 机构会找博主合作非报备笔记。还有没能开通蒲公英内容合作的博主想要接广告，只能采用非报备笔记。

很多品牌在小红书"种草"，都会采用"KOL/KOC 引领 + 大量中小博主配合铺量"的策略。所以，很多品牌方或渠道方也会跳过蒲公英直接在平台上发掘有潜力或性价比高的中小博主、素人博主接广告。

无论是报备笔记，还是非报备笔记，账号的粉丝数量越多，广告报价就越高，最终根据博主的笔记数据、粉丝量及品牌方的需求洽谈适合的价格。非报备笔记的报价一般要比报备笔记的报价低。

非报备笔记因为是私下合作，所以交易形式会比较灵活，主要有以下三种。

+ 实物置换，没有广告费。这种形式没有广告费，但是博主能获得品牌方赠送的产品。如果前期博主的粉丝比较少，而产品比较贵且是博主需要的，博主就可以按这种方式接广告。

+ 广告费形式。按照品牌方的要求发布合作笔记，博主就能
   获得相应的广告费。

+ 实物产品 + 广告费。在这种模式下，博主既能获得免费的
   产品，又能获得一定的广告费。

在接非报备广告笔记时，博主需要把握品牌"种草"和内容
质量的平衡，避免被平台判违规，无法通过审核。因此，博主应
尽量合作报备笔记。

如果博主、达人只通过接广告变现，收入会比较单一且不稳
定。为了拓展更多元的收益结构，平台也在鼓励博主转型做买手
带货变现，通过笔记带货或直播带货赚佣金。只需要粉丝数量达
到 1000 个并开通商品合作，博主就可以在选品中心选品带货。

所谓买手，是指具备独特品位，基于自身真实的生活方式和
个人形象，通过笔记、直播等方式真诚为粉丝推荐商品、分享生
活方式的人。他们基于自身的品位和审美对商品进行筛选，然后
通过分享让粉丝"跟着买"。

目前，小红书上博主转型买手比较有代表性的有两类。

+ 时尚、穿搭、家居博主。例如，"短头花"是传播学专业
   出身，从事过时尚工作，在小红书做穿搭博主 3 年后转型
   做直播，分享日常会穿会用的物品，目前直播带货产生的
   收益占大头。

✦ 宝妈或主妇类好物分享博主。例如，"Panda 熊猫猫""lucky
小幸幸"都是分享各类居家生活好物的博主。

总之，博主、达人如果自己没有产品，又不想做知识付费，
就可以接广告或做买手带货变现。知识博主如果不想做课程，也
可以通过打造个人 IP 实现接广告和带货变现。

4.1.3　知识或技能类博主打造个人 IP，做知识付费

如果你在某个领域有知识、经验、技能可以教授，就可以将
知识、经验、技能封装成产品，在小红书打造个人 IP，通过上述
知识付费产品变现。

（1）知识付费的产品类型

按照交付的内容，知识付费产品可以分为课程、服务、模
式。例如，我创立的厦九九赋能学苑就是在卖服务，所有课程都
有一对一的指导服务。我的学员里有些创业者和企业主的业务是
帮助同行转型，卖自己跑通的新型模式。

按照交付的轻重程度，知识付费产品可以分为轻度交付的专
栏、录播课，中度交付的直播课、训练营、社群，重度交付的一
对一咨询、一对一或多对一私教、团队"陪跑"、孵化等。例如，
我的私塾项目就属于重度交付的团队"陪跑"。

做知识付费，你的交付能力决定了你的收入"天花板"。对
于小团队、小流量，我建议做高客单、重交付。因为做高客单、
轻交付就是万劫不复，不能长久，对 IP 的负面影响也会很大。君

子爱财，取之有道。知识付费圈每年"翻车"的人有很多，只有用做教育的心做知识付费，正心正念做交付，才能长长久久。这也是我们一直信奉的价值观。

（2）知识付费的商业模式

要做好知识付费，拉高"天花板"，流量、成交、交付三者环环相扣，密不可分。流量哪里来？来了又如何承接呢？

"笔记＋直播"是流量的主要来源，店铺是载体。小红书店铺新增教育品类，知识付费课程也可以作为虚拟商品上架店铺。知识 IP 可以在笔记中关联课程，用内容带动课程的销售；也可以开直播卖课，引流私域卖课。

这个过程会经历三重流量变现。

+ 在小红书 IP 借助"笔记＋店铺＋直播＋群聊＋私信"实现公域全链路转化成交闭环。这是第一轮流量变现。

+ 在日常运营小红书时，将精准流量引流到私域，基于公域内容建立的信任和私域沉淀的背书，能成交转化的立马成交。这是第二轮流量变现。

+ 暂时不能转化成交的，通过私域六要素"私聊＋朋友圈＋社群＋直播＋视频号＋公众号"的持续运营，慢慢转化成交。这是第三轮流量变现。

概括起来，就是通过"笔记＋店铺＋直播＋引流私域"打通公域和私域，实现整个成交和交付的闭环。越是高客单，越需要在私域跟进成交。

4.1.4　实体店引流线下消费

如果你是实体店经营者，主要变现方式是引流获客到店消费，就可以在小红书自己"种草"或找探店博主等达人"种草"，实现打卡地曝光。

如果你有鲜明的人设和内容能力，还可以打造创始人 IP，打通线上线下一体化，实现线上"种草"、线下消费。

例如，我的私塾学员子夜的形象很好，在广州的一个古村落开茶室，有很美的场景，但她只会拍好看的视频，没有流量。后来，她来我的私塾学习做账号定位和优质内容，打造老板娘人设IP。仅一个月的时间，她的账号粉丝数量就从最初的只有 20 多个突破了 10000 个，线下茶室的订单不断，还接了几个广告。小红书店铺也上架商品，靠笔记带货实现销售突破。用她自己的话说："是你们的专业和敬业让 52 岁的姐姐在小红书这个平台取得了不敢想象的成绩！"

除了商家、实体店经营者自己运营账号吸引线下消费，2023年小红书也开始尝试本地生活服务。商家侧发起了"食力发店计划"，正在用零押金、零佣金、流量扶持等方式激励更多商家入场。达人侧发起了"探照灯计划"，类似于大众点评的"霸王餐"，达人免费体验后可以发布探店笔记。除了流量激励，后期达人附带的团购链接产生交易，还可以获得佣金奖励。

小红书已经开设了官方账号"土拨薯"，持续发布相关的内容运营、扶持措施等内容。这是小红书社区的特色之一。认证企业号的商家可以在主页展示门店详情。2021 年，小红书顺应"露营游""周边游"热潮，在本地生活的酒旅品类中迈出一步，一部分民宿、酒店、露营地得以在小红书完成消费的闭环。

如今，小红书试图拓展到店餐饮品类，在小红书上布局餐厅、景区、热门打卡点的 POI[①]。也就是用户在小红书搜索类似奶茶、面包、火锅等与餐饮相关的关键词时，部分搜索结果中会自动标注附近推荐餐厅距离，如图 4-4 所示。点击"附近"栏，搜索结果全都会标注距离，能有效帮助本地生活商家曝光、吸引客流。

图 4-4　小红书笔记中自动标注距离

---

① POI：point of interest，即兴趣点，是电子地图上的某个地标、景点。功能页在过去几年得以丰富，除了基础的餐厅地址、人均消费和联系电话，还会通过笔记内容分别展示人气菜品、打卡笔记、探店视频、周边餐厅等。

如果你有实体店或线下空间，一定不要错过小红书这个天然的"种草"消费宝藏地。

4.2　店铺运营

小红书店铺打通了"种草"和"拔草"的商业闭环，是账号主理人进行商业变现必不可少的抓手。越来越多的商家、企业、个体之所以纷纷来小红书开店，是因为大家都"嗅"到了小红书电商的商机。用好店铺这个载体，账号主理人可以轻松实现多种商业行为。第 2 章已经讲过开通店铺的具体步骤，这一节就重点讲解如何运营好小红书店铺，以提高店铺的日常销量。

4.2.1　店铺运营技巧

小红书日常的店铺管理后台叫"小红书千帆"，目前提供 PC 端和手机端访问。关于 PC 端，店主只需打开浏览器搜索"小红书千帆 PC 端"，然后用自己的小红书账号和密码登录，就能进入店铺管理后台。关于手机端，在手机的应用市场或应用商城里搜索"小红书千帆"，下载安装后登录即可。

小红书千帆管理后台就像一个宝库，里面有非常多的隐藏功能。知道如何运用这个宝库，对于店铺的经营和账号的运营都有非常大的帮助。

（1）巧用数据分析，找出高转化率的带货笔记

作为店铺的管理者，每天都要关注小红书店铺的经营数据。从店铺后台的数据分析中不仅可以看到每天的成交情况，还可以看到每篇带货笔记的出单数据、笔记支付转化率，以及主要的流量来源，如图 4-5 所示。这些数据对日常的经营决策有关键性的帮助。

图 4-5　小红书店铺的笔记数据

例如，我经常会发布一些带书、带课的笔记。我会利用店铺后台的数据分析观察这些笔记的数据，找出这段时间支付转化率高、支付占比高的笔记。发现相关的选题和内容，我就会重复创作。这样创作的内容就能有更好的带货效果。

（2）开通买手合作，邀约达人、KOL 一起带货

如果我们开通的是个体工商户店或企业身份的店铺，不仅可以开通店铺自己带货，还可以让上架的商品进入小红书选品中心供其他博主和达人分销，或者主动邀请达人合作分销带货，并支

付给对方相应的佣金和报酬。

开通买手合作进行带货，需满足以下条件。

✦ 已完成号店一体绑定，而且当前操作的登录账号为主账号，即拥有店铺管理的所有权限的账号。

✦ 商家绑定专业号认证成为企业号（有蓝 V 标识且有账号所属行业的账号）或店铺类型为个体工商店。

✦ 商家在线商品数不低于 3 个。

✦ 账户状态正常，符合小红书买手合作规范。

✦ 店铺类型不是小程序或生活服务类商家。

满足以上五个条件就可以登录小红书千帆 PC 端，依次点击"买手""买手合作""前往蒲公英带货合作"，如图 4-6 所示。用主账号（即拥有店铺管理的所有权限的账号）登录小红书蒲公英平台，开通相关买手合作权限，就可以发布合作信息招募买手，如图 4-7 所示。

图 4-6　买手合作开通界面

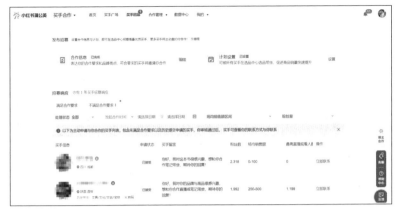

图 4-7　商家招募买手界面

（3）参加营销活动，获得流量扶持

小红书现阶段大力扶持电商，在小红书千帆后台的"营销—营销活动"页面中会有非常多正在进行中的营销活动，如图 4-8 所示，基本都是有很大流量扶持的。在不同的节点，扶持力度不同。例如，报名参加 2024 年 1 月的"新年礼"活动的商家只要

图 4-8　店铺营销活动一览

发布活动笔记，就可以瓜分 50 亿的流量扶持；我也曾参加"小红书礼物季"活动获得流量奖励，如图 4-9 所示。

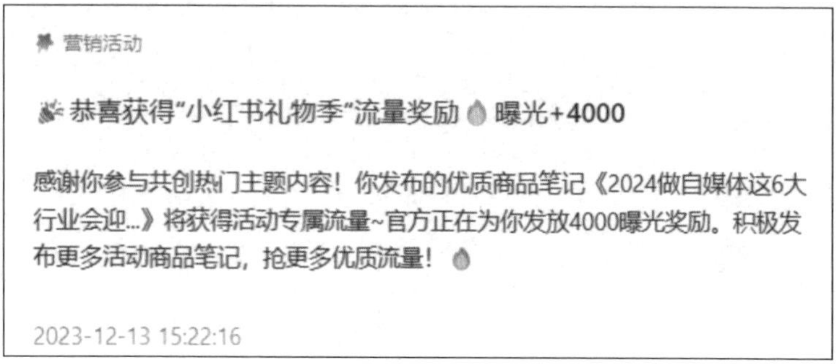

图 4-9　参加"小红书礼物季"活动获得流量奖励

店铺负责人每月都要及时查看后台的营销活动通知。对于适合自己的官方营销活动，我建议要多参加。根据我带学员实操的经验，小红书官方的流量扶持对于带货笔记的冷启动、爆款笔记的流量助推都有非常好的效果。

（4）巧用"热门笔记"和"推广笔记"，提供更多决策价值

在小红书千帆 PC 端，依次点击"推广""创意中心""热门笔记""全部笔记"，即可看到热门笔记，如图 4-10 所示。这个功能可以帮助我们筛选出小红书平台上的爆款笔记，还可以按笔记类目、点击率、曝光量、阅读量进行筛选。这些笔记的数据准确度会比外部第三方数据分析平台更高。在遇到流量瓶颈，或者没有创作灵感、选题思路枯竭时，我们可以借助"热门笔记"找选题、找灵感。

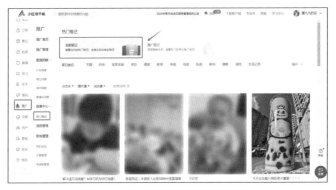

图 4-10　通过热门笔记看全部笔记

另外，在"热门笔记"中点击"推广笔记"（见图 4-11），即可看到目前热门的竞价推广笔记。按照不同的营销诉求分类，推广笔记主要分为产品种草、商品销量、直播推广。商家如果想做笔记推广，这个功能就可以很好地分析同行的什么产品在小红书上卖得更好？同品类产品在目前付费推广跑得比较好的笔记有哪些？我们用心分析它们的选题、呈现方式、创意，可以为自己的推广决策提供更多可靠的依据。

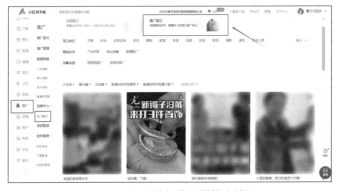

图 4-11　通过热门笔记看推广笔记

4.2.2 店铺子账号设置方法

很多商家、品牌都会设置专门的客服来管理店铺。小红书店铺后台可以设置子账号。设置完成后，子账号就可以通过自己的账号、密码登录店铺后台进行管理，方便轮流值班。

子账号可以根据员工的不同岗位赋予不同的操作权限，包括但不限于数据查看、订单管理、活动报名、违规管理等权限。

对不同的角色分配不同的操作权限，可以降低账号误操作或数据泄露等风险，提升账号经营效率。例如，财务人员 A 不具体参与店铺客服管理工作，但想要了解店铺的经营财务数据，那就只将 A 设置为财务角色，不要给 A 设置客服角色，避免客服工作被分配给 A，但 A 又不承担客服角色，导致店铺被扣分等情况发生。

具体的子账号操作流程如下。

第一步，登录小红书千帆 PC 端，依次点击"店铺""店铺管理""子账号管理""新建子账号"，如图 4-12 所示。

图 4-12　新建子账号

第二步，填写账号信息及岗位信息并提交，如图 4-13 所示。

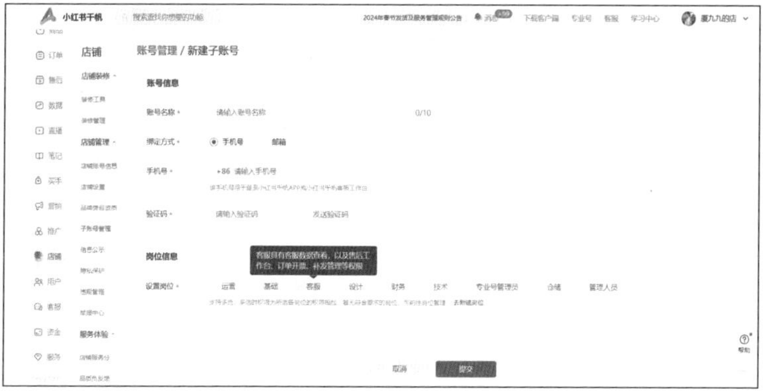

图 4-13　填写账号信息及岗位信息

4.2.3　店铺运营的重点指标

小红书号店一体后，店铺的经营情况在一定程度上也会影响账号的权重，甚至直接影响账号的流量。在研究怎样把店铺做得更好之前，我们一定要先了解哪些店铺关键指标不合格会被处罚。有些处罚是对账号进行一段时间的限流。其中，店铺客服的回复率是新手最容易忽视而被处罚的指标。

小红书店铺客服的考核指标：回复率 ≥ 80%。如不达标，店铺及专业号公域流量将会被限流 3 天。

✦ 计算方式：回复率 = 客服人工回复的会话量 ÷ 用户发起的会话量。回复率考核的是用户发起时间在考核时段内的会话，会话未被系统或人为关闭前人工回复，即计入"客服人工回复的会话量"。

✦ 考核时段：00：00：00—24：00：00（以用户发起会话时间计算），不区分节假日。

✦ 考核周期：自然周，即周一至周日。每周二为考核日，考核数据取值为上周周一 0 点到周日 24 点的数据表现。

✦ 考核门槛：周用户会话量 ≥ 5，即周用户会话量不足 5 时不考核该指标。

✦ 不达标处罚：限制店铺及专业号公域流量 3 天。

查询客服回复率的操作流程：登录小红书千帆 PC 端，依次点击"数据""客服数据""客服分析"，即可查看实时回复率情况，如图 4-14 所示。

图 4-14　查看实时回复率情况

总之，店铺运营是一门细活，要精细化管理和运营店铺，细抓客服工作。这对店铺成交有立竿见影的效果，但需要店铺负责人有足够的耐心将店铺后台的实用功能研究清楚并落到实处。尤其是要把控好最容易被限流的指标，否则会造成不必要的损失。

4.3　笔记带货

笔记带货就是通过笔记承载商品的电商模式，让用户在社区边逛边买。这是小红书强有力的带货形式，它能够打通内容和交易，让用户直接在小红书完成从"种草"到"拔草"的全过程。用户在消遣娱乐或消费内容时不知不觉被"种草"，顺手就能完成"拔草"。这种"种草"、销售一体化的形式就是内容电商和兴趣电商，它已经成为直播以外最主流的电商形式。

4.3.1　开通笔记带货功能

笔记里有关联商品的笔记，就叫带货笔记。区别于普通笔记，带货笔记的封面右上角会显示购物袋图标。点开笔记，笔记下方会显示商品卡。用户观看内容后对商品感兴趣，点开商品卡，就能直接跳转到商品购买页，直接下单购买。

（1）带货笔记的发布方式

在小红书 App 上，带货笔记的发布方式有两种。第一种是在首页的下方点击"+"号，滑到商品选项，这里默认是选择店内商品。选好后会自动跳转到相册界面，选择发布的图片或视频，编辑好笔记，点击发布，一篇商品笔记就发布完成了。

第二种也是点击"+"号，正常编辑笔记，然后点击"添加商品"并选择"店内商品"或"商品合作"，接着选择这篇笔记对应的商品，然后发布笔记即可。

笔记带的货有两种来源，一种是博主自己小红书店铺的商品，另一种是小红书官方选品中心的商品。如果博主要带选品中心的商品，就一定要用第二种方式发布。

（2）笔记带货功能的开通

如果博主已经开通店铺并上架了商品，发布笔记时直接关联店内商品，就可以实现笔记带货。

如果博主没有开通店铺，也没有自己的货源，就需要开通小红书合作中心[①]权益，获得小红书官方选品中心选品的权限。博主开通合作中心，需要满足以下四个条件。

✦ 完成实名认证，年龄 ≥ 18 岁。

✦ 完成专业号认证。

✦ 账号无违规。

✦ 粉丝量 ≥ 1000 个。

符合以上条件者，可以依次点击小红书 App 右下角的"我"、

---

① 合作中心是小红书于 2023 年 5 月上线的创作者商业合作服务平台。

左上角的三道杠、"合作中心"申请开通合作中心。

　　成功开通合作中心后，发布笔记时下方会出现"添加商品"字样，如图 4-15 所示。依次点击"商品合作""去选择"（见图 4-16），即可在选品中心选择商品。

图 4-15　笔记编辑页面

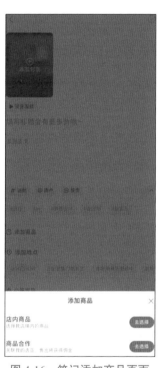
图 4-16　笔记添加商品页面

　　发布笔记前，先在"合作中心"—"买手合作"—"笔记选品"里进行选品。完成选品后，发布笔记时就可以直接关联选好的商品了。

　　那么，如何选品呢？

4.3.2 精准选品原则

做电商，选品质量在一定程度上决定了销量。下面从商家侧和博主侧两方面讲。

商家侧

如果你是商家，就要从自家商品中选择适合小红书主流人群特点和平台特性的商品，而不是一股脑地把所有商品都带一遍、推一遍。商家要遵循爆品战略，集中资源推爆一个或几个品，那么选品就很考验商家对平台的了解程度。

小红书上卖得好的商品通常具备以下几个特点。

第一，颜值高。无论是内容颜值，还是好物颜值，小红书都是各大平台里最突出的，太粗糙、颜值低的物品在小红书不会受欢迎。

第二，品质高。小红书聚集了中国最有消费能力的人群，他们来小红书的目的就是为了更高品质、更美好的生活方式付费。

第三，价值高。商家的商品要么好用（实用价值），要么好看（情绪价值），总要占一样。

第四，购买成本低。除了金钱成本，操作简单、方便，没有学习成本和行动成本。以数码家电、家居日用品为例，有复杂操作、技术含量太高的商品，销量并不高，反而是针对女性群体美好生活方式的、高颜值的小家电或家居好物，销量更可观。

博主侧

如果你是没有货源的买手，以及想尝试带货的博主，可以通过以下两种途径进行选品。

一是普通选品。在选品中心首页选品：开通"商品合作"权限的商家，其所有在架商品将进入选品中心，所有开通带货功能的博主均可筛选、添加、推广。

二是定向计划。在合作商品里选品：博主与商家沟通并确认合作后，商家发起"商品合作"定向合作计划，支持商家给博主提供独立佣金及价格机制，博主可关联定向商品发布带货笔记。

博主如何跟更多商家取得联系呢？当具有一定的粉丝体量和带货业绩后，博主可以主动联系平台上的优质品牌；粉丝数量达到 1000 个，就申请入驻蒲公英平台，增加在商家圈的曝光。商家可以通过蒲公英平台筛选博主，发起直播带货或笔记带货合作。博主在"消息通知"—"商业合作"中会收到通知，可以选择适合的品牌或商家建立联系和达成意向。

面对琳琅满目的商品，博主到底应该怎样选品呢？博主选品考量的因素会多一些，我总结了以下五个选品思路。

第一，自用好物分享。

博主带货的商品，一定是自己使用过或体验过，且质量经受得住检验的。最直接的就是围绕自身定位和人设，选择自己曾经使用并对其有积极体验的商品，基于真实的个人体验做真诚分享。这样既可以传达对商品的真诚推荐，增加粉丝的信任感，又有很强的说服力。对于这类选品，博主可自行前往选品中心选取，或与商家建立联系，拿样带货。

第二，了解粉丝群体，针对粉丝特点和需求选择适合的商品。

第一次选品时，博主一定要非常了解自己的粉丝群体，通过后台数据分析和日常跟粉丝的互动反馈，了解他们的年龄、性别、兴趣、需求等，以此判断粉丝的购买力与收入水平，选择合适的客单价商品进行带货。

这类选品需要遵循以下原则。

+ 符合账号定位和人设，1～2个品类，不要太杂。
+ 商品新奇、有亮点、有特色，能直观地呈现使用场景。
+ 尽可能选择"爆品"，即头部带货主播近期直播带火的或者平台上很多人都在带且销量很大的商品。
+ 佣金不是越高越好。宁愿佣金适中，也要选销量大且好评多的商品。

总之，根据粉丝的特点选择适合的商品，并争取合理的价格机制，能够最大程度地获得粉丝的喜爱。

第三，与优质品牌长期合作。

博主有了一定的带货经验后，可以主动筛选一些口碑和信誉度比较好的品牌，建立长期合作伙伴关系。长期合作能够稳定地为博主带来高质量的商品，省掉频繁选品、试品的时间。这样既能给博主带货赋予更大的信任度，也有助于博主建立在粉丝心中的可信度。高信誉度品牌和博主之间是互相成就的关系，前提是博主一定要选择与自身形象高度契合的商品或品牌。

第四，顺应趋势选品。

现在的商品更新迭代很快，出"爆品"的周期越来越短。博主紧密关注所在行业的市场、文化和时尚趋势，敏锐地及时捕捉最新的消费动向，选择与这些趋势相契合的商品，带货内容和商品都将更具时效性和吸引力。

第五，平衡品类和价格。

在进行选品决策时，博主应该充分考虑消费者的消费倾向，选择具有吸引力的价格区间，兼顾不同价位的商品，确保选品策略能够满足不同类型粉丝的选择，以增加销量。同时，博主也要了解该意向商品的竞品情况，有助于找到市场的空白和机会，选择有特色和潜力的商品。

选好品之后，如何写带货笔记呢？

4.3.3　带货笔记的爆款逻辑

带货笔记不等于日常生活分享、产品展示。如果内容和商品主体的关联较弱，营销感重，就会导致笔记无法过审或被限流；反之，对分享商品卖点描述清晰且真诚"种草"、论述客观的笔记不仅不会被限流，还会受到平台的推荐。

什么样的带货笔记容易被判违规呢？根据小红书官方公布的违规笔记和自身实战经验，我总结了七种常见的违规带货笔记。

+ 售卖的商品与笔记内容不相关或弱相关。

+ 笔记内容存在搬运的情况。

- ✦ 内容粗糙，和小红书的整体特性不搭。
- ✦ 包含虚假、伪科学、封建迷信等不宜分享的内容。
- ✦ 商品信息中生硬植入过于夸张的宣传字眼。
- ✦ 笔记存在诱导和导流行为。
- ✦ 低质模糊、夸大营销、空洞、露出竞品标识、标题草率的内容。

什么样的带货笔记更容易成为爆款呢？我总结了六个容易创造爆款的因素。

- ✦ 展现高颜值好物的美图、美文。
- ✦ 展现新奇特的内容，激发用户猎奇和尝鲜的欲望。内容有创意，产品有新意，给用户带来双重刺激，用户更容易下单。
- ✦ 商品价格有优势，福利大放送，优惠、打折、促销一个不落。不论品牌大小，性价比都是第一位的。
- ✦ 展示产品成分分析、技术参数测评等有科技含量的内容。
- ✦ 展现使用过程和场景，对比使用前和使用后的变化，让人眼见为实。
- ✦ 突出权威和影响力。借助明星、权威人士的言论，突出销量，让用户心理从"没听说过的品牌，我可不敢买"转变为"大家买啥，我买啥，随大流不会错"。

了解了影响带货笔记成为爆款的因素，还需要了解带货笔记的流量分发逻辑。带货笔记的核心指标有两个：一是内容维度的互动价值；二是交易维度的交易价值。

互动价值体现在封面点击率，以及内容点赞、收藏、分享、评论、转粉等，其中分享、评论、转粉的权重更大。如果是视频笔记，还会考核视频的播放时长。与普通笔记的逻辑一致，互动价值越高，笔记的流量权重越高。

交易价值体现在 GPM[①]、商品点击率、加购（即加入购物车）和购买数量上。对于带货笔记来说，如果内容指标完成得很好，也就是互动价值高，但交易指标不好，交易价值低，流量曝光仍然不会太多。总之，互动价值和交易价值二者缺一不可。

封面、标题、点赞数影响点击率，内容的实用价值及"种草性"决定了笔记分享、评论、转粉，内容和产品的吸引力决定了笔记的交易价值。

带货笔记想获得更好的"种草"和转化效果，我建议在内容形式上贴近 UGC 原生内容，也就是用户创作的内容（买家秀），而非营销味很重的商家笔记（卖家秀）。随时洞察和善用热点，将商业内容和站内热点、用户痛点结合，懂得"种草"促单逻辑，更有机会打造出爆款带货笔记。

4.3.4　带货笔记的策划方法

带货笔记考验的是内容策划能力。把商品卖出去是我们的目

---

① 即平均每 1000 个观众下单的总金额，常用来衡量直播间的卖货能力。

的，但从什么角度说服消费者才是关键。我总结了以下几种简单、易上手的策划方法，可以让你轻松写出有带货力的创意文案。

（1）元素组合法，花式锁定目标用户

根据卖点，巧妙组合搭配选题元素。带货笔记的选题角度往往离不开六个元素：季节、目标人群、使用场景、需求或功能、节假日、价格。

做选题策划时选取的元素越多，内容的丰富度就越高。但是，元素过多又会导致内容不聚焦。所以，我建议选择 2 ~ 4 个元素进行搭配，如宝妈平价带娃好物合集。

（2）场景带入法，激发购买欲

将卖点转化为具有小红书特性的关键词描述，如"氛围感""少年心""宝藏国货""干皮救星"等。洞察小红书强相关场景和弱相关热门场景，将卖点和多元化场景搭配输出。例如，在约会、工作、户外、亲子居家等高频出现的生活场景中让卖点可视化，穿给你看，用给你看，让你看到理想的效果。

（3）产品卖点法，突出差异化卖点

我整理了八个找卖点的思路和维度。

- ✦ 这款产品能解决什么问题？为什么能解决这些问题？
- ✦ 这款产品和其他同类产品相比，有什么不一样的显著特点？
- ✦ 同类竞品存在哪些缺点和不足是我这款产品能更好地解决的？

✦ 这款产品有哪些值得关注的细节？

✦ 有哪些设计生产的细节和过程可以体现这款产品的好？

✦ 有哪些实际发生的结果和用户行为、反馈可以体现这款产品的好？

✦ 有哪些人、事、物，尤其名人和品牌背书，可以体现我们的产品好？

✦ 如果不是初创的新品，前期已购买的用户评价是怎样的（可以从中找到被验证有效的卖点）？

这些问题可能看上去没有什么逻辑，甚至有些还互相交叉、重复。没关系，只要能让你意识到"噢，这也是个卖点"，目的就达到了。

（4）竞品差异法，突出独特性

充分了解产品的特色、差异性及适用人群，从与同类竞品的差异化角度切入，突出性价比或"人无我有、人有我优、人优我特"的卖点。

（5）人群痛点法，给出解决方案

从产品和服务能解决的问题出发，直接圈定目标人群的痛点场景并给出解决方案。而产品就是痛点解决方案。例如，夏天穿单鞋、高跟鞋，如果穿船袜就会漏出袜子的边缘，影响美观；如果不穿袜子，走路会出汗，就不舒服。而用一次性吸汗鞋垫，就可以解决这个让你左右为难的问题。

带货文案要说明具体场景下的痛点，并用视频直观地呈现，让用户产生强烈的认同和共鸣。本质上，要想让带货笔记的转化效果好，第一要义就是商家、博主要找到产品和用户的连接点。产品应该能够站在用户的角度，解决用户的困扰。

以上五种选题策划方法都需要建立在对产品和用户足够熟悉、有体察的基础上。

4.4　直播带货

直播带货已经成为小红书重要的电商模式。通过实时互动、详细展示和解读产品特性及优点，让消费者更全面地了解到自己感兴趣的或需要购买的产品信息，极大地提升了消费者的购物体验和购物效率。

而小红书官方也正在大力扶持直播业务，并推出了多项扶持政策，鼓励商家和个体直播带货。这是一个极好的机会，商家和个体可以抓住这波直播红利，完成线上转型。

小红书直播包括商家店播和买手直播。前者是商家卖自己的货，后者是个体、博主带平台商城的货。两者只是货源不同、身份不同，直播的经验技巧都是相通的。

最近三年，我们服务了众多商家、创始人和超级个体，经历了无数次从 0 到 1 的直播"陪跑"。下面从直播策划、直播筹备、直播技巧及直播复盘四个方面讲解如何做好一场高质量、高转化的直播。

4.4.1　直播策划

一场直播成功与否，在很大程度上取决于一开始的策划。直播策划包括直播主题策划、直播流程策划和直播选品。

（1）直播主题策划

一个好的直播主题不仅可以吸引观众的注意力，也可以帮助主播围绕主题组织内容并更好地推荐和讲解商品。直播主题来源于直播意图和直播目的是吸引粉丝关注、销售商品，还是为下一场直播拉预约并增加粉丝黏性？如果是销售商品，那销售的商品是什么？目标人群是谁？主播应基于此思考直播主题。

直播主题的策划，通常可以从以下三个角度着手。

第一，商品主题：主播可以根据自己要推荐的主要商品类型策划主题。例如，"职场女孩的秋冬衣橱"主打的就是秋冬衣服；"新年如珠，美好如你"让人一看就知道是珍珠专场。

第二，活动主题：主播可以根据某个特定的活动或节日策划主题。例如，"双十一外套专场""××年货节直播""525 好好爱自己"等主题都是结合节点做专题策划。

第三，知识分享主题：主播可以根据自己的人设和专业，结合销售的产品或课程，选择适合的主题。例如，读书博主的直播主题是"读书和不读书，过的是两种人生"，健身教练的直播主题是"春节怎么吃才能瘦"。

直播主题要靠创意，更要靠一些底层逻辑。我总结了三个原则。

第一，直播主题符合小红书的用户特点和粉丝喜好。小红书的用户以一二线城市的"90后"高学历女性为主，平时多关注粉丝画像，挖掘广大用户和粉丝喜欢的主题，并且提前预约测试，有经验后就能清楚地把握粉丝喜好了。

第二，直播主题符合自身人设和定位。直播主题就是个人品牌和内容的延伸，其特性因人而异。同样是女明星，董洁主打"做自己的生活主理人"，既能对品牌文化娓娓道来，又有平常生活的细腻感受，能上能下；伊能静主打女性成长和疗愈，要用最好的物品好好爱自己。

第三，直播主题新颖，有吸引力。在符合以上两点原则时，还要兼顾新颖独特，能够引起观众的兴趣和好奇心，有助于前期做宣发、拉预约。有时候与当下的一些热点、潮流相结合，也会更加吸引人。

（2）直播流程策划

直播的整体流程策划要具体到什么时间做什么。以卖货为例，包括开场互动、痛点描述、福利留人、商品介绍（卖点讲解、展示）、销售互动、促单环节，如表4-1所示。这是一个完整的销售闭环，如此循环。

表4-1　直播流程策划表

流程	时间	时长	环节	内容
1			开场互动	
2			痛点描述	
3			福利留人	
4			商品介绍	

流程	时间	时长	环节	内容
5			销售互动	
6			促单环节	

开场互动是主播与观众建立联系的第一步。主播可以通过热情洋溢的问候、紧张刺激的预告、独特有趣的开场秀等方式吸引观众；简短地介绍自己，引出直播主题，让观众知道自己可以在直播中获得什么，今天可以买到什么好东西。

痛点描述是为了引出后面的商品，起到刺激痛点、吸引观众停留的作用。以卖衣服为例，"为什么看模特穿得好看，自己买回家就是人间灾难？因为你不会选、不会看。下面教你一招，怎样一眼相中自己的梦中情衣……"尽量挖掘顾客的真实痛点和需求。

福利留人是指在介绍商品后、公开价格前，为了减少用户离开率，设置整点抽奖、发红包、送有吸引力的礼品，或者不定时秒杀精美好物等。

商品介绍是用户对产品是否感兴趣的关键。主播要针对痛点介绍商品价值点，如有没有嫌自己脸大、脖子短的顾客，V 形领的设计在视觉上就会显脸小，让你拥有迷人的天鹅颈……通过专业解说、展示衣服的工艺和细节、亲身试穿打消用户疑虑。

销售互动是直播间很重要的一个指标，全程都要实时引导互动，主播可以通过提问、投票、游戏等方式进行互动，也可以通过抽奖、赠品、优惠券等方式激励观众参与互动。此外，主播还需要及时回应观众的评论和反馈，让他们感到被重视和尊重。

促销环节主要是刺激观众的购买欲望。主播可以通过与假想第三方对比，突出自身的差异化卖点，或者采用限时折扣、限量发售、满减优惠、加送福利等方式进行促销。

（3）直播选品

直播选品的原则与笔记带货类似。如果主播自己是商家，有货源，且第一次直播，就需要提前梳理好产品并上架小红书店铺。如果主播没有自己的货源，想做买手直播，则需要在粉丝数量达到 1000 个后开通合作中心，在"买手合作"—"选品中心"提前选品或与品牌方接洽备齐商品。主播选择商品时，需要考虑到市场趋势和粉丝需求，通过自身使用体验和深度分析优劣说服观众购买。所以，主播不仅要关注佣金比例，还需要考虑售价和使用体验。尽管高佣金可能带来更大的收益，但价格过高可能增加销售的难度。因此，买手直播在选择商品时需要权衡佣金与售价之间的关系，找到最适合自己和粉丝的商品。

4.4.2 直播准备

直播前的准备工作做得越到位，直播的效果就越好。直播前的准备工作有很多，概括起来包括直播物料准备、直播预告宣传和试播测试。

（1）直播物料准备

当一场直播完成策划后，就要开始准备各项物料，包括直播宣传物料、直播间展示物料和直播间礼品。

直播宣传物料包括直播主题海报、直播商品和礼品展示海报、直播中和直播后宣发物料等。主播需要至少留出 1 ~ 2 周的时间做宣传。

直播间展示物料包括实物商品及各种形式的展示牌，如福利、促销信息、商品或课程牌，以及铃铛、超大铅笔、各种造型的 KT 板等调动气氛的道具。这些辅助直播的物料不仅可以帮助主播更方便、有效地传达信息，也能增强观众对信息的接收和理解。

直播间礼品是指用于抽奖赠送的福利品和引流品。对礼品的选择遵循三项原则：有吸引力、价格适中、数量尽量多。例如，口红、眼影、香水小样、耳机、暖水壶、围巾、胸针、项链和各种配饰等都是很好的礼品。

在直播策划时融入流程当中，什么时间抽什么奖，怎么抽。例如，关注主播或购买过任意商品，增强与粉丝之间的互动，也能帮助涨粉和促销。抽奖在吸引观众停留、促销方面很有帮助。注意实物商品的吸引力大于打印的照片或 KT 板。在大型直播抽奖中，如果准备了苹果手机、电脑、平板等贵重商品作为奖品，一定要实物展示。

任何一场重要的直播，都需要花时间准备和优化这些物料，确保良好的直播体验。

（2）直播预告宣传

对于新手直播或大型直播，要保证一定的场观和在线人数，主播就要在开播前设置直播预约，并通过各种方式拉高预约数量。

发起直播预约有三种方式。

第一种，依次点击"创作中心""主播中心""创建直播计划"。

第二种，发布直播预告笔记时新建直播预约。具体操作是在笔记的编辑界面中依次点击"高级选项""直播预告""新增预告"，如图 4-17 所示。

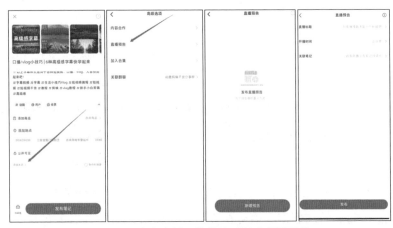

图 4-17　发布直播预告笔记时新建直播预约

在此可以设置直播标题、开播时间等，点击"关联笔记"，可以在过往笔记中关联直播预告。

第三种，在瞬间打卡里设置直播预约，具体操作包括以下步骤：

✦ 点击左上角头像中的"+"号，进入瞬间打卡界面；

✦ 点击"拍摄"，选择左下角的相册（提前把直播封面保存在手机相册，如果照片很多，需要一定的时间加载）；

✦ 选好直播封面后，点击"贴纸"，选择"直播预告"，选择直播开始的时间；

✦ 按住贴纸，即可移动贴纸。发布后，粉丝在瞬间里点击预约即可完成直播预约，如图 4-18 所示。

图 4-18　在瞬间打卡里设置直播预约

设置好直播预约后，应该如何提高直播预约量呢？主播需要至少提前一周新建直播预告，给拉预约留出充分的时间，在此期间可以通过以下几种方式拉高直播间的预约人数。

第一，将过往笔记关联直播预告。

新建直播预约后，通过关联过往相关笔记拉升直播预约。具体操作是依次点击"创作中心""主播中心""直播预告"，如图4-19 所示。

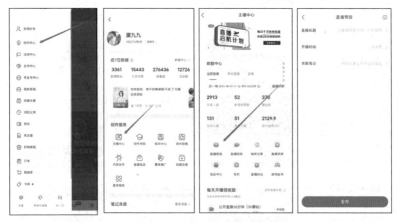

图 4-19　关联过往相关笔记

设置好标题和直播时间后点击"关联笔记"，可以一键关联过往已发布的笔记。

关联成功后，记得在笔记的评论区留言引导，如"× 月 × 日我有一场关于什么主题的直播，可以给大家带来什么价值和好物，大家可以点一下预约，我会在直播间送出什么礼物"，借助笔记的长尾流量增加预约量。

第二，发布多条直播预告视频或图文笔记。

根据直播主题策划至少 3 条直播预告视频或图文笔记，目的就是拉预约。尤其是带货直播，在选品和试穿、试用、试吃时就可以拍摄很多素材，高频发布预告笔记，引导预约。发布预告笔记时在高级选项里可以关联直播预告。

第三，建群聊，提前蓄客，群聊内拉预约。

群聊相当于小红书的私域。如果主播有 10 个群，每个群有 500 人，那就是 5000 人的私域。在开播前一两天，主播可以在群聊里发预告、拉预约，并且在开播时直接把直播间转发到群聊里。群聊里的意向用户可以直接进入直播间，增加直播间的人气和销量。

第四，利用私域流量撬动公域流量。

前期在小红书的粉丝量和用户不足时，如果主播的微信好友和社群比较多，也可以在微信私域里拉预约。根据直播主题准备 1 ~ 3 张直播海报，海报上呈现奖品福利，发布在朋友圈和社群，或者私信拉预约。在直播时，主播还可以把直播链接发到朋友圈和社群里。

私域里的用户因为已经认识主播，他们在直播间待的时间会更长，在直播间的评论互动会更积极，购买商品或课程的概率也更大。这群用户是可以帮助主播拉升直播间数据的，互动越好，销量越好，平台就越会给主播流量助推。

第五，高频开直播，专为下一场直播拉预约。

如果要准备一场重要的直播，主播可以提前半个月甚至更早设置预约，平时直播就开始为下一场拉预约，在直播间引导预约，或者通过抽奖的方式拉预约。话术可以参考"想要中奖的小伙伴，你们点一下预约，就可以参与抽奖啦！没有预约的小伙伴，中奖的不算哦"。

要想让直播间的流量更好，主播可以在开播前一天或几小时发布容易成为爆款的笔记。在小红书直播中，通过笔记进入直播间的流量占了很大比重。所以，主播在开播前可以多发相关笔记，不管这条笔记的小眼睛数量是 500 个还是 1000 个，总归有人看就有人可能会因为这条笔记跳转到直播间。

还有一个小技巧，就是在开播前 1 小时给那些与直播主题密切相关的爆款笔记投流，能直接给直播间带来流量。

如果主播想给直播间投流，可以提前 1 ~ 2 天在店铺 ARK 中新建直播营销计划。因为 ARK 的投放需要审核，新建完需要好几个小时甚至一两天的时间才能通过审核，所以直播运营人员要提前建好计划备用，投不投放视直播间的具体情况而定。

（3）试播测试

如果主播是第一次开播，一定要提前试播一次。主播可以将直播间的观看范围设置为"仅对分享用户可见"，这样其他用户就无法观看直播。在熟悉直播间各项功能和操作后，再正式开启直播。新手主播需要熟悉的功能包括如何开启直播、上传直播封面、编辑直播主题、添加商品、调整直播间美颜参数、设置抽奖环节、连麦设置、新建直播预告、分享直播间、商品弹窗展示及商品讲解等。下面讲解几个比较重要的操作。

➢ 如何开播

打开小红书 App，点击下方的"+"号，然后在下方菜单栏中点击"直播"，在上方添加直播封面和直播标题，最后点击下方的"开始直播"即可开播，如图 4-20 所示。

图 4-20　在小红书 App 上的开播操作

➢ 如何添加商品

在开播前或开播后都可以添加商品。开播前，点击直播界面下方的"添加商品"，然后点击"添加更多商品"，如图 4-21 所示。如果主播有店铺，可以选择店铺内商品；如果没有开店铺，可以选择选品中心的商品。

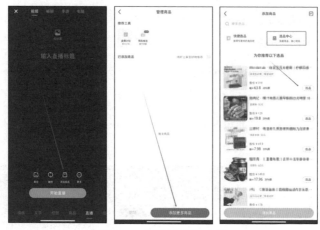

图 4-21 开播前添加商品

如果开播前忘记添加商品，主播也可以在开播后点击右下角的"购物"，再点击"去添加商品"，即可添加店铺或选品中心的商品（小红书账号的粉丝数量达到 1000 个后方可申请开通选品中心带货功能），如图 4-22 所示。

图 4-22 开播后添加商品

➤ 如何分享直播间

开播后，主播应及时将直播间分享到群聊中。假设主播有 5 个 500 人的群聊，那么转发后相当于触达了 2500 人，这样可以提升直播间的观看和在线人数。具体操作方式是在直播间点击右下角的"更多"，点击"直播分享"，再点击"私发好友"，然后选择群聊即可，如图 4-23 所示。

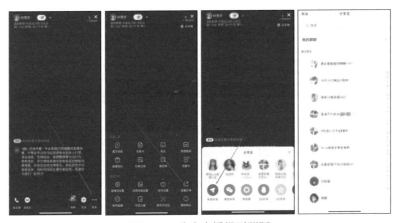

图 4-23　分享直播间到群聊

➤ 如何发起抽奖

主播想增加直播的互动和停留时间，可以使用抽奖这个工具。点击直播间右下角的"互动"，然后点击"抽奖"，在里面可以设置抽奖的参与条件，如"关注主播""分享直播""输入口令"等，设置好后在下方输入奖品名称、个数、开奖时间等，最后点击"发起抽奖"即可，如图 4-24 所示。

图 4-24　发起抽奖

> 如何连麦

在直播过程中，为了增加互动，主播可以与观众或嘉宾连麦，增加用户停留时长。点击左下角的"连观众"，选择观众，然后点击"邀请"即可；在右上角，主播可以点击设置按钮，将连麦设置的布局调整为同屏布局，这样连麦人物的画面会在画面中并排出现，如图 4-25 所示。

> 如何发起直播预约

为了让下一场直播有更多人观看，主播可以在本场直播中提前设置下一场直播的预约。点击直播间右下角的"互动"，依次点击"直播预告""去创建"，然后设置开播时间、直播标题等，最后点击发布预告即可，如图 4-26 所示。

图 4-25　设置连麦

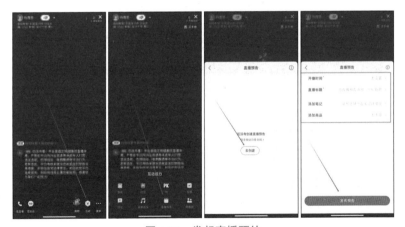

图 4-26　发起直播预约

> ➤ 如何进行群聊推送

直播间的人数多时，主播可以推一波群聊，让更多人加入。

群聊人数多了，把直播分享到群聊中也能吸引更多人进来，形成良性循环。点击直播间右下角的"互动"，点击"群推送"，选择群聊，然后点击"推送"即可，如图 4-27 所示。

图 4-27 设置群聊推送

以上就是直播准备涉及的内容，主播准备充分后还需要用心打磨直播内容，思考如何推荐商品。这就涉及直播技巧的娴熟运用，下一节接着讲。

4.4.3 直播执行

一场成功的直播是台前、台后整个直播团队协作的结果。直播过程中比较关键的两点：一是直播团队的配置与分工；二是主播的直播技巧。

（1）直播团队的配置与分工

直播团队的配置一般是主播 1 人、场控 1 人、运营 1～2 人，最少人员配置是 1 个主播 +1 个场控。如果要同时运营直播间或私域，则需要多配置几个人。

在整个直播过程中，主播不但需要按照自己的节奏推介产品，还要时刻关注评论区的问题，及时灵活地答疑互动。同时，主播还要实时观看数据，重点看在线人数和销售数据。如果在线人数越来越少，说明观众对这部分内容不感兴趣，主播就可以换个话题或发起抽奖，拉高用户的停留时长。如果已经开卖很长时间，销量都不动，主播就要反思问题出在产品上还是销售话术上，及时做出调整。如果某款产品卖得很好，主播也可以多轮售卖，而不是固守原本的计划挨个推荐。

在主播直播时，场控的作用就是统筹全局，调度整个直播组（包括主播）及时、灵活地处理过程中遇到的各种问题，既要保证直播技术不出问题，又要紧盯后台数据和直播间的状况，适时做出决策和调整，向主播提醒或传递信息，同时指挥运营配合主播完成整场直播。所以，场控是一个非常关键的角色，需要有很丰富的实战经验。

运营主要负责直播间评论、回复意向用户、后台跟单，包括在私域做配合。例如，直播间在线用户如果是高意向的，运营就可以关注后私聊；如果已经加入私域，运营就可以在私域与其沟通。运营不只是直播间小助手，还要配合销售、转化，这样整个直播间的转化率才高。

我总结了开播前及开播后的执行清单，如表 4-2 和表 4-3 所示。

表 4-2　开播前执行清单

序号	事项	时间点
1	完成直播设备的调试和安排	开播前 4 小时
2	确认小红书直播商品是否已上架，价格、详情页等信息是否正确	开播前 4 小时
3	设置小红书直播间优惠券等	开播前 2 小时
4	直播间需要准备的物料，包括但不限于桌卡、电源、手牌、背景等	开播前 2 小时
5	直播间场景、灯光搭建，打光确认	开播前 2 小时
6	检查直播手机是否充电、是否关闭语音电话提醒和震动	开播前 2 小时
7	完成直播间执行节点表格设置，并打印分发给全体组员	开播前 2 小时
8	吃饭	开播前 1 小时
9	场控人员准备 2 部手机，登录助理号	开播前 1 小时
10	抽奖文案或氛围话术提前发到群里	开播前 1 小时
11	确认用于直播的手机、主播用于看评论的手机及麦克风的电量是否充足	开播前 1 小时
12	开场音乐、下播音乐准备	开播前 1 小时
13	主播所需物料和直播内容、流程策划表准备到位	开播前 1 小时
14	小红书需要提前登录直播管理平台（需要验证码）	开播前 30 分钟
15	开播前通气会，确认分工、准备事宜	开播前 30 分钟
16	检查录音笔的电量和存储空间是否足够，准备好麦克风（如果需要）	开播前 15 分钟
17	设定下一场直播预约	开播前 15 分钟

表 4-3　开播后执行清单

序号	事项	时间点	执行人
1	开播前先放点轻松的音乐	开播前 2 分钟	
2	一开播即打开录音笔	开播时	
3	将直播转发到各个微信社群	刚开播	
4	将直播转发到小红书上的各个社群	刚开播	
5	将直播转发到朋友圈	刚开播	
6	小红书持续上架 1 元见面礼，评论区引导购买	开播 10 分钟内	
7	上福袋抽奖（设置 10 分钟开奖），评论区引导大家转发出去	刚开播	
8	评论区提醒主播引导转发、福利优惠、引导加微信	直播中	
9	关注直播间有互动的用户	直播中	
10	带货时点击讲解商品链接		
11	关注并给直播间的高意向用户发私信，必要时通过私信跟单	直播中	
12	直播间能回答的问题，场控主动回答	直播中	场控
13	主播推一次课或货，就主动在评论区发布福利	开始卖货后	场控
14	过程中提醒最后抽奖，留人	每隔 10 分钟	场控
15	发现主播干货讲太多、互动太少，纸条提醒	直播中	场控
16	配合发券，听主播口令	直播中	场控
17	不断弹出商品，按主播当时的分享情况来	直播中	
18	下播前上见面礼	直播中	场控

序号	事项	时间点	执行人
19	及时看店铺后台，提醒待付款的用户	直播中	场控
20	店铺客服及时回复咨询	直播中	

（2）主播的直播技巧

直播的核心是既要流量又要销量。要流量就要在直播过程中不断抓住用户的注意力，说用户感兴趣的内容；要销量就要充分了解用户普遍的痛点和痒点，当用户感知到主播的产品就是痛点的完美解决方案，并且付出的成本远低于价值时，交易就产生了。直播的本质就是不令人反感地推销产品。

营销界有一个世界公认的、推销成功率最高的表达框架叫"爱达公式"，也叫 AIDA 模型。

✦ 引起注意（Attention）：开头第一句话吸引用户注意，让人愿意往下读。

✦ 提起兴趣（Interest）：让读者对你说的事情感兴趣。

✦ 激起欲望（Desire）：让读者产生想要的渴望。

✦ 促成行动（Action）：引导转化，下单购买。

在准备直播时反过来问自己：

✦ 为什么我的直播间能引起用户的注意？

——直播封面、标题吸引人，直播间布置和主播有特点，开场抛出痛点或引发向往……

✦ 为什么用户会对我直播间的产品感兴趣？

　　——内容主题与自己相关，产品新、奇、特，卖点新颖……

✦ 为什么用户非买我直播间的产品不可？

　　——内容戳痛点、挠痒点，产品能低成本解决痛点和痒点……

✦ 为什么用户要现在就买呢？

　　——优惠福利，限时限量，引导购买……

由此演变出一个可以参照的直播话术框架：抛出痛点／引发向往（吸引注意力）＋描述痛点痒点（提起兴趣）＋产品卖点（激发欲望）＋解决方案（产品特色／适配场景介绍）＋促进转化（优惠福利、下单引导）。

在这个框架里，如何扩充内容呢？

第一，按照逻辑主线发散：产品解决什么问题，使用感受，使用攻略，使用步骤。

第二，增加细节：突出产品某方面有亮点的细节，增强记忆，再整体总结。

第三，真实感受：展现真实想法，引起用户共鸣更具可信度。

注意，不要不经思考、一味地夸赞产品，而要立足于实际，将其优缺点一起表达出来，提高用户信任度。

用户更喜欢真实体验后的真诚分享，客观描述产品使用心得会让直播更有"种草力"。例如，卖手机支架时，主播不能抽象地介绍卖点，而要教观众如何用这个支架在旅行中拍出大片。主播越了解用户痛点和产品卖点，就越知道怎么卖。

先说如何了解用户痛点。我总结了三种简单易行的方法：第一，直接和身边的潜在目标受众聊天，如朋友、同事、闺蜜等；第二，在小红书或其他自媒体平台、搜索引擎平台、相关渠道搜索产品关键词，看后面都带有哪些经常搜索的关键词；第三，搜索同类产品的用户评价，关注特别好的和特别差的地方。

再说如何了解产品卖点。请记住一个公式：产品卖点 = 产品功能 + 利益点。产品功能在各大电商平台的详情页中已经呈现得非常全面，主播只需要结合对用户痛点的了解，以及自己的亲身体验做筛选和整合就可以了。

4.4.4　直播复盘

根据我 200 多场的直播经验，无论准备得多么充分，也不能保证每场直播都达到预期的效果。直播过程中可能出现意外状况，或考虑不周的地方。这就需要每一次直播后都进行复盘总结，不断优化迭代。而要想锻炼整个直播团队的综合能力，最有效的方法就是每次直播完在第一时间进行复盘。

（1）数据分析

首先是精细化的数据分析，主要观察三个指标（可登录小红书直播管理平台获取）：进房数据、兴趣及互动数据、转化数据，如图 4-28 所示。

图 4-28　数据分析主要观察的三个指标

　　进房数据即直播间累计观看人数。要重点关注封面点击率和停留 5 秒人数占比。封面点击率低于 4%，说明直播间的封面和标题需要优化；点击率在 5% ~ 7% 是比较好的，当然越高越好。停留 5 秒人数占比是指观看直播总时长达到 5 秒及以上的人数与直播间总人数的比值，该指标主要衡量留人能力。如果停留 5 秒人数占比低于 30%，就需要调整直播间的场景和主播留人技巧。

　　兴趣及互动包含购物兴趣和直播互动两部分数据。关于购物兴趣的数据，主播需要关注的是商品浏览人数和加购物车人数。商品加购转化率 = 商品浏览人数 ÷ 加购物车人数。如果加购转化率低，要么是因为产品本身或产品详情页不吸引人，要么是因为主播介绍没有说服用户加购，另外还要结合最终转化数据来看。直播互动是指评论、点赞、加入粉丝团、关注账号等行为。互动率越高，在同类主播中可以得到的流量越多。

　　转化数据就是实际成交金额和支付人数。商品转化率 = 直播间下单人数 ÷ 加购物车人数。如果加购转化率低于 15%，可能是因为缺少刺激转化购买的元素，用户的购买欲望不强，主播需要优化促单话术和福利。场控和运营也需要在评论区做助攻，如好评截图、价格对比等。

另外，主播还可以分析不同商品的销售情况，判断直播间用户的偏好。例如，引流品卖得多，正价品销售少，或者定金产品卖得多，正价品卖得少，说明顾客对正价品还有很多疑虑。特别是当正价品价格较高时，尤其是高客单的知识付费产品，主播可能就需要采取"定金 + 咨询答疑"的方式提高成交率。

（2）团队复盘

其次是团队复盘，这里分享我们团队每次直播后由场控填写的复盘表，如表 4-4 所示。最关键的是总结这场直播做得好的地方、不好的地方分别有哪些，好的地方在下一次继续保持，不好的地方在下一次如何避免。

表 4-4　小红书直播复盘表

场次	时间	主题	形式	目标	时长	已预约	观看人数	最高在线人数	平均观看时长	互动人数	支付人数	支付金额	新增关注	直播总结做得好的或不好的地方（如何避免）

下一次直播前，我们可以把前几次复盘中提出的问题浏览一遍，抓紧查缺补漏。多次迭代后，直播效果就会越来越好。

直播和做内容一样，都是一门手艺，都需要长时间的刻意练习，才能内化成自己的能力并运用自如，一开播整个流程和技巧都成为自己下意识的表达。新人开播一般不要给自己那么大的压力，每场直播比上一场有进步就是成功。

4.5　引流获客

流量分为两种：一种是在小红书等自媒体平台上的，叫公域流量；另一种是在个人微信或社群里的，叫私域流量。公域流量并不是我们自己的流量，因为粉丝会流失，我们也无法触达所有粉丝。只有引流到私域留存起来，能够进行激活并多次触达的流量，才是我们的留量。

如果我们有业务，有产品，有服务，就一定要常态化地将公域经过筛选后的流量沉淀到私域。具体怎么做呢？由于小红书有自己的社区公约，如果我们不了解规则，只是简单粗暴地引流，就很容易违规，被平台处罚。下面从违规和不容易违规两方面讲述如何正确引流，以及如何通过内容和运营让意向用户显现。

4.5.1　违规的引流方式

小红书社区公约明文规定，禁止站外引流。常见的违规引流方式包含以下几种。

✦ 笔记标题、正文或评论区含有能够跳转至站外的网址链接、口令、二维码、小程序码等，或者含有个人的其他社交平台账号、联系方式等。

✦ 笔记在进行商品展示的过程中有导流至第三方平台或其他小号的行为。

✦ 笔记通过发布邀请码、推荐码、注册送好礼等信息导流至第三方平台。

✦ 直接私信发微信号、电话号码、二维码或带以上信息的图片。

✦ 在小红书店铺装修物料或详情页上放微信号或站外联系方式。

✦ 在小红书头像、简介和背景图里放其他社交平台账号、联系方式，一般情况下无法通过审核，后台会提示违反社区规则。

✦ 置顶笔记即引流帖，一张带微信号的图片或海报均属违规，没有收到违规提醒只是一时的侥幸。

✦ 在个人主页的瞬间打卡里发布微信号、二维码和联系方式等。

新手遇到有粉丝私信说加微信或询问联系方式，就直接发微信号，或者比较隐晦地发送如"VX""卫星"等字符或字样，都会被系统检测到。系统一旦检测到该账号存在交易导流的违规行为，就会根据情节严重情况给予私信被禁言 24 小时、私信被禁言 48 小时、禁言限流 7 天、禁言限流 30 天、永久禁言限流及永久封号等不同程度的处罚，如图 4-29 所示。处罚从轻到重进行，如果收到违规处罚，就千万不要再犯，避免遭受更严厉的处罚。

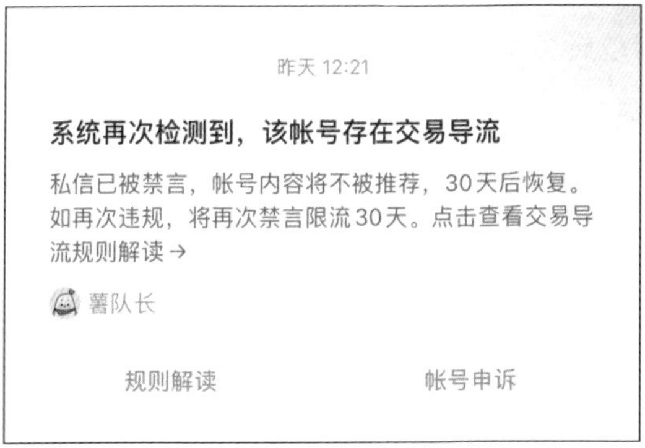

昨天 12:21

系统再次检测到，该帐号存在交易导流

私信已被禁言，帐号内容将不被推荐，30 天后恢复。如再次违规，将再次禁言限流 30 天。点击查看交易导流规则解读→

薯队长

规则解读　　　　　　　　帐号申诉

图 4-29　小红书平台系统发出的处罚措施

4.5.2　不容易违规的引流方式

任何引流行为都存在一定的风险。比较不容易违规的引流方式有以下几种。

第一，利用瞬间打卡功能提醒用户如何联系你。具体操作：点击账号头像下方的 "+" 号，就可以发布瞬间打卡。

例如，有博主的主页利用瞬间打卡功能设置了 "咨询请私信" 5 个大字的图标；还有人将微信号或电话号码分散植入多个图标，连起来就是完整的信息。这种风险还是很高，我建议放 "交流请进群" 这类引导性的字眼，风险会小很多。

第二，将小红书号改成跟你的名字相关联的简单的微信号，聪明的小伙伴一看就懂，不懂的也没关系。

例如，我的小红书账号"厦九九"的小红书号就是我的微信号 xiajiujiu09，有心人一看就知道添加。如果原来的微信号很复杂，需要修改得更直观和简单。务必先修改好微信号，再修改小红书号，小红书号有且仅有一次修改机会。

第三，在主页简介里留下你的邮箱，不要直接出现"邮箱"这两个字眼，直接留邮箱号，方便合作方邮件联系你。别忘了给邮箱设置收件后自动回复微信号，这样也可以实现一定程度的自动引流。

第四，注册助理号（小号），专门用于引流高意向客户。

注册一个小号，名字尽量跟大号相近；然后发布一篇图文笔记，笔记里带有微信号。如果有人向你询问联系方式，你就可以直接把这个小号的这篇笔记发给对方。

你的小号也可以设置成你大号直播间的助理，在直播时直接引导大家关注你的小号，变相实现引流。

第五，小红书群聊＋小号引流。

小红书群聊类似微信群，其群管理和群功能很完善。发笔记时可以关联群聊，引导粉丝加入群聊。用小号做群运营，在群内发布福利或有用的干货、资料，引导粉丝找小号领取。

第六，在主页收藏里放引流线索。

有人会把收藏专辑的标题改为微信号，或者收藏一张带微信号的图片。这种方式相对隐蔽，实际上也属于违规行为，只是风险相对较小。

第七，企业号主页标记线下门店，可以留联系方式。

如果你有实体店，做的是有蓝 V 认证的企业号，就一定要标注你的线下门店，可以直接留你的电话和地址。如果有意向客户询问，就可以把这个定位标记发给对方。

4.5.3　如何让意向用户显现

沉淀私域的流量一定是经过筛选的流量。而账号内容就是一个过滤器，学会在内容里埋钩子，就能让意向用户显现。下面介绍三种钩子。

第一，最直接的就是给福利和好处，告诉用户可以得到什么，只需要怎么做就能拿到。

例如，"给大家准备了小红书运营资料包，超干货，私我发你""感兴趣的可留言'案例不错'获取案例，可为你规划方案""需要的在评论区写下你的领域，帮你安排一下"。这些既可以是实物福利，如产品小样、体验装等；也可以是虚拟福利，如免费的直播课、录播课、教学视频、工具包、资料包等。从成本考虑，虚拟福利会更适合。

第二，在评论区互动，把意向用户调出来。

一篇笔记能不能受欢迎，与评论区互动多不多有很大关系。有意识地在内容前、中、后都设置互动点，引导用户回复评论；或者提示用户如果想了解更多内容，可以在评论或私信中提出。对于有看点或引发讨论的评论，可以置顶吸引更多评论。通过看评论，你就能看出谁是意向用户、谁是看客。

第三，有意留下悬念，让用户主动询问。

例如，在分享某个好物时，图片拍得特别好看，但故意不说品牌名、价格、购买渠道等，引发用户强烈的好奇心，用户会主动留言询问。所有这些留下线索或主动私信的意向用户，都值得用合适的方式沉淀到私域。

总之，引流获客是一门艺术，话术需要有考究，而平台规则也会有变化，唯有紧跟平台的政策趋势，熟悉规则和动向，获客才能细水长流。

4.6　运营团队搭建与管理

如今，无论是商家、企业，还是创始人或个体，要想运营好小红书，取得商业成果，背后都需要一个团队的支撑。这个团队有哪些人员配置，具体有什么要求，如何考核呢？下面从内容运营团队、流量转化团队、团队成员配置及团队成员考核标准四个方面详细阐述。

4.6.1　内容运营团队

内容运营团队主要负责小红书平台的管理和运营推广，包括内容选题策划、文案撰写、拍摄剪辑、封面制作、发布笔记、账号运营及数据复盘等。

从具体的岗位职责划分，可以分为内容运营岗和拍摄剪辑岗。

内容运营岗负责内容选题策划、文案撰写、笔记审核排版发布、账号日常运营。该岗位需要具备以下能力。

（1）较强的选题策划能力和文案撰写能力

具备视听语言修养是内容运营团队的必备核心技能。更具体点，对于小红书运营来说，他要能够根据产品或 IP 本身的特点提炼核心卖点，并结合平台的热点、爆款特性和用户的阅读喜好，通过原创、编辑、重新组织语言、二次创作等方法，进行符合平台的高质量内容创作。

（2）了解平台规则

熟悉小红书平台的基本操作，如小红书运营、推荐、发布等规则，以及平台的玩法和规则，包括平台的所有违禁行为。另外，小红书平台的规则时刻在变，内容运营岗需要有钻研精神，主动研究平台的规则变化。

（3）较强的网感

对于自己账号所在的行业要有敏锐度，有流量池、用户增长及数据分析意识。善于挖掘和分析准用户的使用习惯、情感及体验感受，对网络热点话题保持敏感，快速策划适合小红书传播的内容。

（4）有运营经验

有一定的运营经验，最好是小红书运营经验。他们可以通过平台内容规划，运营和引流路径设计，为公司带来新用户的增长。同时，能跟踪收集和分析推广效果数据，对活动效果进行跟踪评估，不断优化和提升运营效果。

对于小公司而言，内容运营岗既负责文案撰写，又负责账号运营，对笔记最终的结果和数据负责。对于工作量较大、公司有一定规模的团队来说，可以单独设文案负责人和账号运营负责人，进行更精细的管理。

拍摄剪辑岗主要负责视频的拍摄和剪辑、封面制作等。

对于视频笔记，我们需要的是拥有一定的剪辑经验，会拍摄并熟练使用剪映、PR、After Effect（AE）等剪辑工具，掌握各种特效剪辑技巧的人才。他们能够快速剪辑出符合要求的视频，制作视频特效效果。

另外，剪辑人员要主动和内容运营岗沟通，对需要调整的视频进行优化；具备突出的创意设计意识和能力，能较好地把握剪辑的主题、镜头衔接、节奏感、音乐等方面的内容，提升视频的质感；还要熟练使用 Photoshop（PS）、黄油相机、醒图、美图秀秀等修图软件，能够快速制作出高颜值的笔记封面。

无论是内容运营岗，还是拍摄剪辑岗，最终考核都要与小红书运营结果绑定，尤其是粉丝量增长、笔记阅读量、引流用户数。

除了上述不同岗位的需求，针对小红书运营团队的人员，大家还应该有一些基本的共性特质。我总结了以下几个需要重点关注的特质。

（1）年轻、社交能力强、对平台数据敏感

自媒体的用户，尤其是小红书的用户，大多数为"90后"年轻女性。所以，团队成员也应该以年轻人为主，他们对平台更有探索精神，也更了解年轻人的喜好，能够产出更符合平台特性的内容。如果是一个从来没有使用过小红书的人，就很难说清楚小红书平台的特性，以及小红书用户的特点。

（2）审美能力强

小红书是一个追求美的平台，能够产出具有美感的笔记是吸引用户的关键。无论是拍摄剪辑，还是图文排版、封面制作，都需要有较高的审美水准，否则呈现出来的质感无法体现该品牌、IP 的特性。

（3）做事高效利落

自媒体平台的更迭速度快，尤其是涉及一些热点需要及时跟进的，就更考验团队的高效性。对于即时出现的热点，内容运营岗要能高效产出内容。拍摄剪辑岗也要能快速剪辑成片，让笔记可以即时发布，抓住流量。追热点内容时，应尽可能从文案撰写到成片发布不要超过 24 小时。

（4）具有团队协作能力

小红书运营是一个涉及多部门和岗位的工作，需要运营人员有较强的团队协作能力和沟通能力。无论是内容运营岗和视频剪辑岗的沟通，还是和其他部门（如品牌部门、营销部门、产品部门）的沟通，大家都需要高效的团队协作。

4.6.2　流量转化团队

流量本身不值钱，能变现的流量才值钱。对流量进行转化和精准变现，是大多数人运营小红书的最终目的。所以，当我们从小红书获取精准的用户后，需要通过一系列的销售转化动作，将这些用户变成付费用户或未来的意向用户。而这些就是流量转化团队的职责。

流量转化团队一般由一个运营操盘手和多个流量转化岗组成。

运营操盘手

运营操盘手是流量转化团队的负责人。在获取公域流量后，流量转化团队首要考虑的就是如何对这些用户做好留存、成交及裂变。所以，运营操盘手首要考虑的就是如何搭建以微信为主的私域流量池运营体系，将公域引流的用户聚合到统一的社群，通过社群活动策划和产品营销方案，激发用户参与，提升社群的整体黏性，完成拉新、裂变、促活和转化等动作。

运营操盘手要团队成员通过在社群中不定期发放福利小样、优惠券等活动，提高用户的黏性。此部分活动可以和品牌自身的促销活动结合。所以，运营操盘手最好有微信或企业微信私域流量运营、用户运营、社群运营的相关经验，能熟悉私域流量的各种打法，根据公司发展战略整合私域流量资源。

此外，运营操盘手还需要具备很强的推动力、执行力和抗压能力，善用资源推进项目落地；具备较好的跨部门沟通能力及团队协作能力，整合内外部资源，策划整体运营活动，包括线上线下活动。

（1）活动策划能力

为了提高用户黏性和转化率，运营操盘手需要在社群策划一些销售转化活动。例如，匹配各种节日的促销活动，或者根据品牌的实际情况制定相应的活动计划及方案；活动方案通过后，要能完成执行、跟进的过程。

对于知识付费类产品，运营操盘手可以通过组织体验营、集中答疑的形式进行策划，完成集中销售转化的动作。而对于实物类产品，运营操盘手可以通过优惠券、小样等方式让用户有机会体验，既提高用户的黏性，又能促进销售。

（2）数据分析能力

每次活动过后，运营操盘手需要对整个过程进行复盘，总结其中做得好的经验，以便下次借鉴使用；也要对不足的部分进行反思，形成下一次改善计划。

需要复盘分析的内容包括是否提前足够的时间做活动预热、中间的销售转化环节是否转化到位、活动是否有足够的吸引力、比起上一次活动效果如何、下次是否有更好的促销方案……运营操盘手一定要有数据敏感度，才能敏锐地捕捉到其中的数据变化。

流量转化岗

流量转化岗本质上是一个销售岗。该岗位不必设置固定薪资，而是采用"基本薪资＋提成奖励"的机制。这样才能调动运营人员的主动性和积极性，提高社群的活跃度，增强粉丝的黏性和转化率。

小红书号店一体化之后，在小红书开店的门槛变低，即使没有粉丝的账号，只要实名认证专业号就可以开店。开店几乎成为所有想要运营小红书的品牌方的标准动作。

在小红书开店不难，但和其他平台一样，小红书对店铺客服的回复率和发货率有相应的考核，处理不及时会导致关联的小红书账号的公域流量被限流。所以，小红书店铺需要配备一个能及时回复消息和发货事宜的客服。在刚开始业务量不大时，小红书店铺还不需要专门的客服人员，可以由其他运营人员兼任。等业绩和流量达到一定规模时，就要考虑为小红书店铺配备专职人员。

4.6.3　团队成员配置问题

内容运营团队和流量转化团队的配置大概如上，但具体人数可以视情况而定。对于小公司，每个岗位配置 1 个人就足够了，甚至可以 1 个人承担若干个岗位的工作。而大公司可以采用 3 个人组成一个小团队的形式，形成多团队作战的矩阵。不同团队之间还可以形成赛马机制的良性竞争，既有压力，也有动力，激发团队成员的无限潜能。

关于新媒体团队成员招聘困难的问题，我们建议采用远程灵活办公的方式解决。特别是如果你所在的地方是小城市，从事新媒体工作的人才本来就稀少，很难找到合适的人才。即使你所在的地方是大城市，你也可能面临城市用工成本高，或者因为公司规模尚小而无法给出极具吸引力的薪资以吸引到优质人才的困难。

远程灵活办公的方式可以网罗全国各地的优秀人才，大大扩展选择空间，还能降低用人成本。例如，位于上海等大城市的公司想在本地招聘一个合适的新媒体运营人才，每月薪资可能需要9000 ~ 13000 元，但如果这家公司在中小城市当地招聘一个合适的人负责新媒体运营工作，可能只需要 4000 ~ 9000 元。

现在很多协同办公软件也让远程在线协同办公变得更加便利。常见的协同办公软件包括飞书、腾讯文档、石墨文档等，可以实现多人多地同时在线编辑、实时保存。开会可以通过腾讯会议，不仅能投屏共享屏幕，还能录制会议过程，供后续参考。会议内容还能实现语音转文字，看文字即可了解会议概况。

另外，对于文案撰写、剪辑等工作，规模尚小的公司也不一定要招聘全职人员，可以采用计件供稿的合作模式降低公司的固定成本。

直播人员也可以由内部现有人员担任，或者以兼职的形式，每天安排一定的时间用于直播。客服人员可以由社群运营人员兼任，达到降本增效的效果。

4.6.4　团队成员考核标准

对团队成员的考核要以终为始地进行。团队成员的薪资不应该是固定薪资，而是按照"基本工资＋绩效考核"的机制分配。

大部分公司运营小红书的目标主要有两个，一个是提高品牌曝光量，另一个是获客增长。那么，对团队成员的考核也应该基于这两个目标来进行。

对于以品牌宣传为主的账号，最重要的考核指标就是粉丝数和阅读量，以及在小红书上的"种草"笔记数量、博主合作情况等。

对于该岗位人员的考核，就可以设定符合当地基本薪资的基础薪资，加上包含播放量、粉丝增长、品牌与博主合作笔记目标量作为绩效考核指标。

而对于以获客增长为主的账号，粉丝数量的增长不是最重要的，更重要的是精准意向用户的引流数量，以及引流到私域后的成交转化率。所以，其薪资可以按照"基本薪资＋提成"进行计算。提成比例可以按照阶梯状设置。例如，设定一个基础目标，达到这个基础目标可以发放 100% 薪资，再往上设置不同比例的梯度奖金。如果基础转化率不达标，则没有奖金，或者奖金减半。

以上关于粉丝量和转化率的考核，在不同阶段也可以有不同的侧重点。例如，最开始的目标可能是品牌曝光、粉丝量增长，到了一定的阶段，重点变成转化变现。

另外，因为小红书平台本身具有长尾效应，考核可以不以月度为周期，而是以季度为周期或采用"月度＋季度"的考核形式。具体地说，可以将季度 KPI 分解到月，当月未完成月度 KPI 就在当月进行惩罚，当月超额完成 KPI 则在季度结束时统一结算；如果存在月度未完成但季度完成的情况，则在季度结算时对之前的扣除进行补齐。这样既能确保运营人员每月有足够的动力进行更新，也能保证照顾到平台的特殊性。

第 5 章

流量投放：
小红书营销投放与"种草"策略

在小红书，很多品牌、商家或多或少都听过"种草""投放"这样的词语，但小红书的"种草""投放"可不是简单地发几篇笔记后花钱买流量这么简单，而是需要一套完整的投放链路，才能达到想要的营销推广效果。本章就重点讲述小红书付费流量该怎么投。前面几章主要讲的是如何通过内容创作和运营技巧获取免费的自然流量，除了自然流量，小红书还提供四种付费流量，分别是薯条投放、店铺 ARK 推广、蒲公英内容合作及聚光投放。

5.1 薯条投放

薯条是小红书官方面向所有人提供的内容加热与营销推广工具，旨在给优质内容更多曝光流量。

5.1.1 薯条投放门槛

薯条于 2023 年 6 月 3 日全新改版，投放门槛从原来的粉丝达到 500 个降低为不再有粉丝数量限制，只要账号认证为专业号，笔记内容符合平台投放规范，都可以投放薯条。

另外，小红书官方对投放目标也做了简化，包括点赞收藏量、笔记阅读 / 视频播放量、粉丝关注量、主页浏览量。经过这次调整后，薯条的定位是更多服务于笔记内容，而非营销推广，一些营销类的笔记是投不了薯条的。薯条单次投放的最低价格为

75 元 / 次，曝光 5000 次。无论是个人号，还是企业号，都可以投放薯条。

5.1.2　薯条投放技巧

投放笔记之前，先让笔记的自然流量跑一段时间，然后查看笔记的数据反馈，选择测试下来封面标题点击率和内容转化率都很出色的笔记做投放，也就是投放数据和转化好的，而不是差的。

如果你觉得一篇新发布的笔记很有爆款的潜力，想用薯条进行助推，可以先投 75 元的"笔记阅读"，测试点击率。如果点击率小于 5%，则停止投放。如果点击率达到和超过 5%，就可以继续投放。这时投"点赞收藏量"，把笔记的点赞收藏量提上去。当笔记积累了 100 多个赞藏之后，可以转投"粉丝关注量"，投 1 ~ 2 天，观察整体的转粉情况，核心关注两个指标——粉丝转化率和加粉成本。

粉丝转化率 = 粉丝关注数 / 阅读数

加粉成本 = 消耗金额 / 粉丝关注数

如果数据指标的成本在自己的可控范围内，就可以持续投加粉；反之，则及时停止投放。

薯条的投放时间有三种，分别是 6 小时、12 小时、24 小时（即连续推广）。

✦ 投放 6 小时：建议在 7：00—14：00、11：00—18：00、
　18：00—24：00 前后浮动。

✦ 投放 12 小时：建议在 12：00—24：00 前后浮动。

✦ 连续推广：前期选择连续 3 ～ 5 天推广，中后期选择连续
　7 ～ 14 天推广。

薯条投放尽量避开 18：00—21：00 的流量晚高峰时期，在自然
流量竞争激烈的情况下投薯条的效果就没有在流量低峰期的效果好。

5.1.3　薯条投放的具体操作

打开笔记，点击右上角的 "…"，接着点击 "薯条推广"，进
入薯条推广设置页，如图 5-1 所示。

图 5-1　薯条投放入口

在推广设置页，如图 5-2 所示，
依次设置推广目标、推广金额、启
动时间、推广时间、推广人群，然
后用薯币完成支付。支付后等待审
核通过，即可进入投放状态。

图 5-2　薯条推广设置页

5.2　店铺 ARK 推广

为了助力商家更好地进行产品
营销和推广，小红书千帆后台配置
了 ARK 电商推广。这是为小红书
商家打造的自助化电商广告投放工
具，通过深度贴合电商营销目标提
供的一体化智能投放服务，可以帮助商家和品牌更好地进行产品
营销和推广，实现获客和增长。

5.2.1　店铺 ARK 推广的开通条件

小红书店铺 ARK 推广只适用于在小红书上开店铺的专业号，
没有开店铺的博主、商家就没有这个推广功能。相比薯条投放的
功能，店铺推广的投放功能更加商业化。很多开店铺的商家主要
利用这个功能进行商品笔记（笔记中直接带店铺商品的"种草"

笔记）的营销推广，提升商品的成交量，以及进行店铺拉新。

目前，开通 ARK 推广功能需要具备两个条件：一是通过专业号认证，二是通过任一行业资质认证。

5.2.2　店铺 ARK 推广的技巧

根据商家具体的营销场景，ARK 电商推广可以进行不同维度的投放推广。

（1）选择营销诉求

如果还没有开直播，商家可选择笔记营销，即引导更多潜在顾客通过笔记进入商品、店铺或主页，促成商品交易，如图 5-3 所示。

图 5-3　没有开直播时选择笔记营销

如果有开直播，商家在直播过程中可以选择直播营销，通过多种路径引导用户进入直播间，提升直播间的有效观看数和成交量，如图 5-4 所示；在非直播时间，商家可选择笔记营销。

图 5-4　直播过程中选择直播营销

（2）选择推广目标

笔记营销场景中有"商品访客量""商品下单 ROI"两种推广目标。如果商家优先希望有更多用户访问自己的店铺和商品，就可以选择"商品访客量"。系统将引导更多潜在用户通过商品笔记进入商品详情页、店铺首页或其他店铺相关页面进行浏览，以店铺首页或商品详情页访客人数为优化目标。这种投法会给店铺带来一定的访客量，但不一定带来下单成交。

如果商家希望店铺和商品有更多下单成交，同时想更好地控制预算及投入产出的 ROI，就可以选择"商品下单 ROI"。系统将引导更多潜在用户通过商品笔记进入商品详情页或店铺进行转化，以广告投入产出比为优化目标。

（3）选择推广人群

定向人群类型分为智能推荐和自定义。智能推荐系统会自动选择合适的人群。使用智能推荐时，建议适当增加人群限定，如图 5-5 所示。

图 5-5　选择推广人群时选择智能推荐

自定义目前支持电商行为人群、内容行为人群，商家可以根据自己对目标用户人群的了解程度，自行构建要推广覆盖的人群及特征，如图 5-6 所示。使用自定义人群的推广方式时需要注意人群覆盖。人群覆盖大于 400 万，建议尝试；低于 400 万可能会消耗不出去，不建议使用。

图 5-6　选择推广人群时选择自定义

（4）投放设置

投放设置主要有投放日期、投放时段、出价方式及日预算，如图 5-7 所示。这些主要根据商家对自己目标用户的行为习惯做出经验性的判断及设置即可。在出价方式设置上，投放的第 1 ~ 2 周，建议可以设置系统智能出价，看系统智能出价跑出的 ROI 水平；第 2 周之后，就可以根据商品的毛利水平及前期智能出价的测试 ROI 水平手动设置 ROI。

图 5-7　投放设置

5.3　蒲公英内容合作

蒲公英平台是小红书优质创作者的商业合作服务平台。该平台分为两大模块：一个是博主合作，也就是蒲公英内容合作，帮助商家和博主之间进行内容合作与产品"种草"推广；另一个是买手合作，商家邀请达人带货自家产品，开专属分销链接，品牌可以增加销售渠道，博主也可以带货赚佣金。

5.3.1 蒲公英平台的合作模式

博主合作

在蒲公英平台，商家和博主有四种合作模式。

（1）定制合作

合作方可以通过各类标签高效搜索、筛选匹配的博主，如图 5-8 所示，定向邀约、建立联系并完成定制化的内容"种草"笔记。

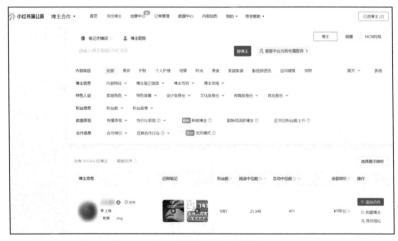

图 5-8　小红书蒲公英寻找博主页面

目前，蒲公英后台有十几万个不同粉丝量级的博主，兴趣垂类覆盖 30 多个领域。根据粉丝数量和影响力，这些优质创作者被分为头部博主、腰部博主、尾部博主、素人博主，对应的营销属性如图 5-9 所示。合作方可以根据自己不同的营销策略和需求，筛选合适的博主进行合作。

图 5-9　小红书博主等级及营销属性

（2）招募合作

合作方发起招募任务，系统推送合作邀约给标签特征契合的博主，激励博主主动报名合作，如图 5-10 所示。

这种合作模式仅限企业号发起。相比定制合作需要需求方一个一个地邀约和洽谈博主，招募合作对需求方来说更省事。招募发出去后，只需要等着博主自己申请就行，执行难度和沟通成本

图 5-10　消息通知里系统推送的
招募报名详情

都较低。但是，最终有多少博主申请，取决于合作条件和激励对广大博主是否有吸引力。

（3）共创模式

平台为博主智能推荐合作项目，成功参与合作可以获得免费产品和保底收入，按笔记的最终效果付费。整体合作流程：博主报名—品牌确认—收货体验—笔记发布—持续分成—笔记验收。

（4）新芽合作

这种合作模式以流量助推为核心激励方式。博主报名通过后，在指定时间内完成产品体验和创作发布，就可以获得流量加热。被品牌、商家选中的优质笔记还能获得现金激励和流量助推。

买手合作

买手合作是 2023 年小红书力推的带货合作模式，目标是帮助众多博主转型做买手带货。买手合作后台可以很便利地筛选出优质的带货博主，也有完善的佣金计划、样品管理机制。目前，邀约博主带货仍处于红利期。

品牌、商家通过买手广场，筛选并邀请合适的博主进行直播带货或笔记带货，如图 5-11 所示。博主也可以在选品中心自行选品进行带货。直播带货的付费模式一般有两种：一种是带货佣金，另一种是坑位费和带货佣金兼得。

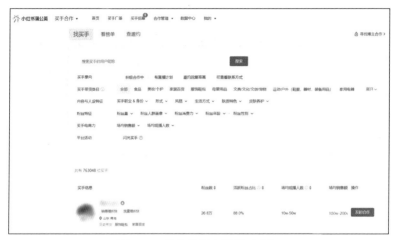

图 5-11　蒲公英平台的买手广场

如果你是品牌、商家，想在小红书进行买手合作，需要完成以下环节。

+ 发现并确定意向买手：找到与自身品牌定位、商品类目匹配且带货能力优秀的买手进行带货合作，从而快速提升店铺商品的销量。

+ 向意向买手发起合作：通过邀约向买手发起合作并确认合作意向。

+ 创建计划并提供样品：确定合作后，按照双方沟通好的合作机制为买手设置计划。创建计划时，商家可以选择提供样品合作，从而帮助买手更好地了解商品，有助于敲定合作并让买手能更好地进行商品展示及讲解。

+ 买手选品并带货：买手确认选品后，可以通过直播或笔记等全部站内渠道进行带货。

✦ 商家查看带货收益：查看买手带货数据，了解销售情况，评估各个买手合作的效果，帮助做下一步决策。

5.3.2　博主定制合作"种草"笔记的流程

从品牌、商家这类合作方发起需求到"种草"笔记合作结束，通常要经过四个环节，分别是发起合作、笔记审核确认、笔记发布、确认完成。具体的操作流程如图 5-12 所示。

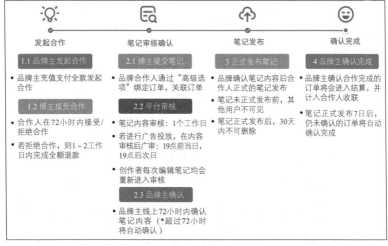

图 5-12　小红书博主定制合作操作流程（来源于小红书官方）

（1）发起合作

在博主广场，合作方选择意向博主后点击"添加合作"，就可以立即下单或添加至我的合作作为备选，如图 5-13 所示。

图 5-13　添加合作

选择立即下单，填写品牌信息和合作要求，如图 5-14 所示。写得越详细越好，方便博主在接收到邀约时能够更高效地进行合作评估。

图 5-14　填写品牌信息和合作要求

下单时可以选择投放模式，如图 5-15 所示，有普通模式和优效模式。普通模式仅提供内容合作服务，收取 10% 的服务费。优效模式提供"内容合作＋平台助推"服务，收取 20% 的服务费。

图 5-15　选择投放模式

　　最后勾选广告投放，如图 5-16 所示。如果合作方希望博主创作的笔记可以作为广告素材进行后续投放，就需要勾选，进行广告素材审核。从品牌投放利益最大化的角度来讲，建议勾选，后续可以根据笔记的数据情况进行付费流量的投放。

图 5-16　勾选广告投放

填写联系人信息，上传品牌合作相关简介附件，然后点击"发起合作"即可完成下单。

（2）笔记审核确认

博主提交笔记后，需先经过平台审核，再由合作方查看确认。平台在审核笔记时会依照"小红书社区公约""内容合作行业与内容规范"进行审核。所以，合作方在向博主提合作要求时，不要只顾着把自己产品的功能、功效和卖点都放进去，而要提供核心素材，让博主结合自己的人设和内容方向做一些软"种草"、软植入，这样更容易通过平台的审核。然后，博主在评论区引导"种草"和购买，并且和品牌、商家运营的官方号及企业号联动，这样的营销效果反而会更好。高级的"种草"营销都是不露声色的软植入，而不是简单粗暴的硬广。

合作笔记在平台审核通过后，合作方在"订单管理"中可以找到相关订单，点击查看合作详情，点击"预览笔记"即可预览博主的笔记，如图 5-17 所示。满意则点击"确认通过"，不满意则点击"驳回继续修改"，每次合作最多驳回 3 次。注意，如果超过 72 小时未操作，系统将自动确认。

（3）笔记发布

笔记通过平台审核及合作方确认后，博主就可以正式发布笔记了。正式发布的笔记在 30 天内不可删除；图文笔记可修改，视频笔记仅可修改封面、文字和话题，视频不可编辑。所以，合作视频笔记时，品牌方要认真审核内容，以免因为出错造成无法挽回的局面。

图 5-17　笔记审核确认页面

（4）确认完成

笔记正式发布后，品牌方确认订单完成，如图 5-18 所示，订单将进入结算并计入合作人收益。笔记正式发布 7 天后仍未确认的订单，将自动确认完成。

图 5-18　确认合作完成界面

如果发起合作后，合作方或博主想要取消合作，按照规则，平台会根据合作进度退还款项，如表 5-1 所示。取消成功后，合作订单关闭，合作人将无法发布合作笔记，相关款项将在 1 ~ 2 个工作日退回账户。

表 5-1　蒲公英定制合作取消合作的退款规则

合作阶段	退款比例
合作人接受前	订单总额的 100%
待合作人提交笔记且超过期望发布时间 30 天	订单总额的 100%
待合作人提交笔记未超过期望发布时间 30 天	订单总额的 50%
合作人已提交笔记，但未正式发布	订单总额的 50%
合作笔记已正式发布	不可取消

5.3.3　品牌“种草”的 CKKS 四维投放模型

基于小红书的“种草”路径和官方指导，以及我“陪跑”上千个品牌、商家和企业主的经验，品牌“种草”的思路可以遵循 CKKS 四维投放模型。

C：内容（Content）投放策略

优质内容是引爆小红书“种草”的先决条件。品牌创作优质“种草”内容，可以分两步走：第一步是挖掘品牌产品的优势和卖点；第二步是运用爆款创作方法批量创作爆款内容。

如何挖掘品牌产品的优势和卖点呢？

✦ 产品分析：要深入了解产品的所有功能和特性。对产品进行实际使用和测试，体验其功能和优缺点。

✦ 市场调研：了解竞品的特性和市场表现。通过顾客反馈和评价，了解他们最关心的产品特性。进行问卷调查或一对一访谈，了解顾客的需求和期望。

✦ 定位分析：确定产品在市场中的定位。例如，是知名品牌，还是新锐品牌？是高端产品、入门级产品，还是中端产品？根据定位决定哪些特性是核心的，哪些是附加的。

✦ 价值链分析：分析产品从原材料到最终消费者的整个流程，找出其中的核心价值和独特性。

✦ SWOT 分析：识别产品的优势、劣势、机会和威胁，以便更好地理解产品的特性。

通过上述方法和步骤，商家可以更深入地挖掘品牌产品的特性，从而更好地制定投放策略，提高竞争力。

如何批量创作爆款内容呢？

品牌提炼出产品的关键信息后，品牌运营人员邀请优质达人根据账号的特性撰写品牌"种草"文案，品牌官方账号和达人账号集中发布笔记，测出爆款内容。在"种草"时，要注意采用非广告形式，即结合自身人设、基于自身体验的"种草"分享。

品牌的内容框架可参考这样的比例：70% 的产品或服务相关内容 +30% 的品牌相关内容。具体内容如表 5-2 所示。

表 5-2　品牌的内容分配框架

	产品系列 1	产品系列 2	产品系列 3
产品相关内容占 70%			
目标人群			
痛点提炼			
核心卖点			
使用场景			
品牌相关内容占 30%			
	事件 1	事件 2	事件 3
公司动向			
品牌代言			
营销活动			
创始人 IP			
客户反馈			
品牌荣誉			

　　做好内容规划后，运用第 2 章讲到的爆款内容创作方法，批量创作爆款内容，从而获得更多的曝光和流量。

K：关键词（Keyword）投放策略

　　小红书用户在消费前有过搜索行为的，占比超过 60%。通过多个关键词搜索触达进而"种草"的方式，逐渐成为品牌营销的核心武器。具体如何通过投放提高搜索流量，下面总结了几点经验。

　　（1）将 KOL/KOC 作为 SEO 增强器

　　KOL 和 KOC 作为行业或领域内影响用户消费决策的人，他们的言论具有很强的说服力。通过 KOL/KOC 迅速传播品牌信息，可以起到与传统 SEO 类似的效果，为品牌带来更高的搜索排名和可见度。

（2）内容围捕策略

围绕关键词和热门搜索词批量创作高质量的内容，不仅可以吸引用户，还可以为品牌提供更多的曝光机会，加深用户对品牌的认知，增加搜索权重。

（3）突出产品卖点与应用场景

通过 KOL/KOC 分享产品或服务，特别是那些与产品卖点和应用场景紧密相关的内容，既能激发需求、挖掘场景关键词，也能帮助用户更好地了解产品的价值和使用方法。

（4）精准确定关键词

第一，开展头脑风暴，尽可能多地罗列关键词。

- ✦ 品牌层面：从品牌的定位、使命和愿景出发，找出能够代表品牌核心价值的关键词。
- ✦ 产品功能：分析产品的主要功能和特点，提取与之相关的关键词。
- ✦ 竞品分析：研究竞争对手的关键词策略，找出可能被忽视的高价值关键词。
- ✦ 平台热点与电商节点：利用平台工具，挖掘当前的热门搜索词或热搜词；在特定的电商节点，如"双十一""618"，分析用户的搜索习惯，确定与购物节相关的关键词。

第二，进行辐射拓展。从已确定的核心关键词出发，进行语义拓展，衍生出更多的相关关键词。

第三，层层筛选，确保最优。去掉那些与品牌不符或搜索量较低的关键词，确保每一个选定的关键词都能为品牌带来最大的价值。

K：达人（KOL/KOC）投放策略

选择什么样的达人做投放效果最佳？这是一门实战型学问。我总结了一套达人筛选标准和达人投放模型。

先说达人筛选标准。品牌、商家重点看三个维度：一看账号数据；二看商业价值；三看内容"种草"能力。

一看账号数据，也就是账号的基础数据，评估账号的整体质量，包括是否存在限流、违规等。除了粉丝量，重点看以下几个指标。

+ 合作报价：一般报价是粉丝数量的 10%，上下浮动 5% 左右。
+ 赞粉比：也就是赞藏数量与粉丝数量的比值，3 ~ 8 属于正常范围。赞粉比低于 3，说明内容非常吸粉；赞粉比大于 8，说明有爆文，可以给品牌方带来更大的曝光；远远超过 10，说明粉丝黏性较低，如果更看重粉丝质量和互动，投放需谨慎。
+ 互动率：通常互动率大于 15%，更容易得到小红书的流量推荐。
+ 粉丝活跃度：至少大于 70%。
+ 更新频率：至少周更。
+ 账号的成长性：要处于线性增长（粉丝量在 5000 个以上，

月涨粉率 > 20%；粉丝量在 1 万个以上，稳定增长即可)。

✦ 蒲公英健康等级：蒲公英的健康等级只有优秀、普通、异常三种。优秀代表账号内容及流量状态健康，拥有平台基础接单权限，还会获得更多平台主动派单的品牌内容合作机会。普通代表账号内容及流量状态不稳定，账号近期存在平台不鼓励的行为，如发布不实信息、账号数据造假、商业内容占比异常等。异常代表账号内容及流量体态异常，账号近期存在大量平台不鼓励的行为，如发布不实信息、不友好或不合适的内容、账号数据做假。

二看商业价值，主要从品牌和达人的匹配度、性价比、竞品合作等几个方面来看。

➤ 达人匹配度

✦ 判断达人的整体特性与品牌产品的特性是否匹配，即是否好植入、传达品牌信息。

✦ 要看达人的粉丝画像与品牌产品的目标用户画像是否契合，如性别、年龄、区域、人群标签等。

✦ 综合考虑达人的历史合作品牌数量、质量、复投率，以及过往合作客户的口碑。

➤ 性价比

考察达人合作的性价比，主要看两个指标。一个是 CPM，即每千人阅读的成本，这个数值越低，账号的性价比越高；另一个是 CPE，即一个互动需要付出的成本，这个数值越低，账号的粉丝活跃度和黏性越好，性价比越高。

　✦　CPM = 达人笔记报价 ÷ 笔记的平均阅读数 ×1000。例如，报价 1 万元，平均阅读量 2 万次，CPM 就是 500。

　✦　CPE = 达人报价 ÷ 平均互动数。一般要求 CPE 在 15 ～ 40。

　➢　是否有竞品合作

看最近是否有发布与竞品相关的内容。如果有，需要在时间上错开，或者根据营销策略决定是否投放合作过竞品的达人。

三看内容"种草"能力。

跟达人的"种草"合作，本质上是内容共创，因此需要考察达人的内容能力。首先，看达人过往的笔记，衡量其是否具有产出爆款的能力；其次，看达人的商业合作笔记和非商业合作笔记占比及数据分析，有些达人的非商业笔记数据好，但商业笔记数据就很一般，那就需要进一步综合衡量。优先考虑非商业笔记和商业笔记数据都不错的达人。

说完了筛选达人的技巧，再来说不同量级和类型的达人，其投放比例该如何设置，我们简称达人投放模型。品牌要根据投放的整体预算来配比。常见的达人投放模型有三种：人群反漏斗模型、金字塔投放模型和菱形投放模型。

（1）人群反漏斗模型：适合小预算的新品牌初期试水

这种投放策略是先从最核心的人群开始"种草"（筛选覆盖核心人群的达人），快速验证结果后向泛人群逐步扩散，如

图 5-19 所示。如果产品对于核心人群是有价值的，就可以快速追投，扩散到兴趣人群、泛人群，持续破圈；反之，则需要思考产品、人群和内容策略。

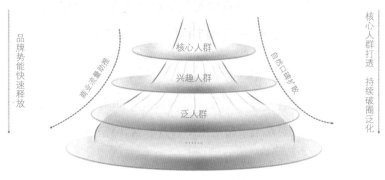

图 5-19 人群反漏斗模型

这种投放方式不会一开始就投放大量笔记，而是一开始小预算测试核心人群对产品的反应，感知市场的反馈，再进行调整。打爆核心人群后，再一层层扩大影响力。这里的核心人群不一定是 KOL，而是真正对产品有需求或潜在需求的达人，即不以粉丝量定核心人群。

（2）金字塔投放模型：适合处于成长期的品牌

金字塔投放模型是指投放的比例从头部达人、腰部达人到尾部达人依次增加，如图 5-20 所示。这种投放模型具有重点引爆及素人铺量的特点，尤其适用于新品牌的孵化及造势。这种模型的投放比例通常是头部达人占 10%、腰部达人占 20%、尾部达人占 70%。

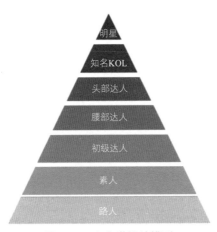

图 5-20　金字塔投放模型

这是品牌投放最常用的投放策略。通过多层级金字塔式投放，以达人自身的价值进行高效分层引流，充分利用小红书的长尾流量，阶梯式推动品效转化。

（3）菱形投放模型：适用于短期引爆

在菱形投放模型中，投放的重点放在了腰部达人上，头部和尾部达人的占比都比较小，如图 5-21 所示。

菱形投放模型适用于单品的短期引爆，应配合大型活动节点进行使用，可以迅速为产品带来较高的销售转化。

总之，小红书平台不同的达人投放模型适用于不同的品牌及不同的场景，我们在选择投放模型时一

图 5-21　菱形投放模型

定要综合考量品牌的发展阶段及传播需求。

S：投放节奏（Schedule）策略

品牌方根据营销目标制定整个投放的节奏排期。日常投放和关键节点集中投放的目的、策略、对象、内容、投放天数建议，如表 5-3 所示。

表 5-3　日常投放和关键节点集中投放的比较

投放类型	日常投放	关键节点集中投放
投放目的	维护品牌的声量	集中火力节点营销，快速转化
投放策略	采用金字塔模型 + 人群反漏斗模型	采用菱形投放模型
投放对象	核心人群 + 尾部达人（80%）腰部达人（20%）	头部达人占 20%腰部达人占 60%尾部达人占 20%
内容策略	单品"种草"为主	"拔草"为主，可以 60% 以上投成交
投放天数	长期	短期
投放预算	视品牌需求而定	

总体来说，小红书达人投放不仅仅是一次单纯的商业合作，更是一场品牌与内容创作者之间的深度合作，需要双方共同努力，确保内容的质量和推广效果。

5.4　聚光投放

聚光平台是小红书的一站式广告投放平台，具备更高阶、更全面的投放能力。该平台打通了搜索和浏览两大用户关键决策场景，并支持以产品为颗粒度的精准定向和智能投放，可以满足更多维度、更高要求的投放需求。如果你的目标是产品"种草"、抢占赛道、电商推广、客资收集等，这些营销诉求都可以通过聚光投放得到解决。下面从开通聚光投放的条件、投放的模式和投放要点三个方面，阐述如何利用聚光投放实现流量和业绩增长。

5.4.1　开通聚光投放的条件

相比薯条、店铺 ARK 推广，聚光投放可以理解为纯商业目的的营销推广。

2024 年，如果商家想从小红书上引流获客，开通聚光投放是比较稳妥的方式。根据 2024 年 1 月小红书官方出台的政策，只要商家在企业号上开通聚光投放，每月投放消费金额超过 1000元，就可以拥有私信豁免权。也就是商家可以直接在私信里回复微信号，不受违规限流处罚。但是，平台政策也可能随时调整。如果想要掌握最新情况，大家可以关注我的微信公众号"厦九九"，私信发送"小红书"，加入小红书情报群，了解最新动态。

聚光投放的开通条件如下。

✦ 注册小红书账号，并完成企业号认证。

✦ 每个企业号需要 600 元的认证费用。

✦ 注册聚光平台，进行资质认证。

✦ 聚光平台 2000 元起充。

另外，聚光平台与蒲公英平台深度打通，支持蒲公英笔记，可以关联电商店铺和电商商品。因此，通过聚光平台做营销推广投放，完全可以和内容合作投放打通。

5.4.2 聚光投放的模式

目前，聚光投放有代投和自投模式。代投模式就是由小红书官方的代理商根据商家的预算、需求、提供的素材和笔记，帮助商家操作投放计划。自投模式即商家自己操作聚光平台后台，自己操作投放计划。

对于新手商家来说，初期可以通过代投模式，跟着代理商学习一些投放的思路。不过，这里需要提醒的是小红书官方代投模式的投放金额消耗比较快，商家可以每次明确自己的投放预算，切不可当甩手掌柜。

商家在比较熟悉投放流程和投放要点后，可以选择自投模式。做付费流量的投放，商家一定要自己弄清楚投放的逻辑。投什么样的内容更好，投什么样的关键词更好，什么时间投放更好，每个领域、每个产品都有自己不一样的逻辑和关键点，这些东西都要通过实战才能得出经验。

无论是代投，还是自投，都离不开聚光投放的四大广告类型，分别是信息流广告、搜索广告、视频流广告、全站智投广告。

信息流广告可以对目标消费者进行定向投放，通过不同形式和内容对笔记及目标用户快速进行多层次触达，激发购买意向，提高转化效率，吸引目标用户进入店铺、商品详情页、私信页面等，助力转化成交。信息流广告随机出现在发现页。

搜索广告是指用户在搜索框输入感兴趣的搜索词，广告系统会拆分识别出有价值的商业词语，向用户展示相关内容。搜索广告出现在社区搜索结果页和商城搜索结果页。

搜索推广是竞价方式，可以抢占搜索排名，对行业的热搜词、关键词进行卡位，从而拦截行业流量，优先触达精准高意向用户。

视频流广告是指用户在发现页中点击任意视频笔记进入视频流场景，在视频流场景中可上下滑动看视频。视频流广告随机出现在视频流场景中，其转化链路短，曝光即点击，可以提高转化效率，快速积累互动。

全站智投广告是指平台运用智能投放能力将广告计划同时投放至站内所有流量场景。其具有升级能力，可以打通搜索流量和推荐流量，操作更简单。

5.4.3　聚光投放要点

商家做聚光投放之前一定要明确自己的核心诉求，不能什么都想要。下面讲述针对不同目的的投放需求，商家需要注意的投放要点。

以获客为主要目的的商家在做聚光投放时，建议以投搜索广告为主。推广的笔记内容可以是硬广，充分借助算法进行意向用户推送。这就相当于在小红书发宣传单，只不过不像线下那样盲目地放，而是让算法精准地帮助商家发给有需求的用户。

我有一个做月嫂中介的学员，她就是利用聚光投放，设置所在城市的精准人群，直接推月嫂的简历。每天投入不到 100 元，平均每月能获取上百个精准用户前来咨询，并留下联系方式。因为人群、需求精准，所以成交率也非常高。

以解决引流限流问题为目的的商家，建议什么笔记能更快地把钱投出去，就投什么笔记。利用聚光投放的私信豁免政策，只要投放消耗金额达到小红书官方的要求，就可以直接发微信号引流而不被限流。

以品牌影响力推广为目的的商家，建议开全站智投，覆盖站内所有流量场景，再配合蒲公英"种草"营销一起助推品牌声量，最后通过品牌的企业号进行用户承接和商品销售。

以提高商品销量为目的的商家，则建议在投放时设置"商品成单量"为推广目标，转化目标挂"商品组件"，设置好 ROI 目标，时刻关注推广数据情况。如果 1 ~ 2 天的 ROI 偏离目标比较大，商家就要进行调整，不要一直消耗下去。

对于 ROI 表现好的笔记，商家要加大投放力度。但是，前期表现好不代表后期表现一直好，商家也要持续关注数据情况，如果发现投放的 ROI 数据大幅下滑，就要及时停止投放。

后 记

在 2022 年 8 月《5 小时吃透小红书》上市后不久，我就开始构思写作这本姊妹篇，希望能够从商业变现的角度，更加全面、深入地讲解如何做好小红书。随着我和团队不断深入地实践总结，本书也终于在 2024 年初完稿。写完后，我发现终稿和自己最初的想法相去甚远。因为这不是我写出来的，而是在实战中长出来的。我一直信奉"无实战，不成书"。书里所写的，都是我和团队、学员亲身实战的经验总结。如果你想通过小红书实现商业增长，这会是一本扎实的百科全书。

当然，这本书并不完美，或许还存在失之偏颇和不尽如人意的地方，但我尽力做到了当下我所能做的最好。成长路上的不完美，希望读者朋友们多多包涵，也恳请读者朋友们带着独立思考的精神和批判性思维去阅读并给予批评指正。如果你想要联系我，或者跟我交流探讨书中的内容，只要搜索公众号"厦九九"或在小红书搜索"厦九九"就能找到我，欢迎加入读者群和随书附赠的三天爆款营。

本书的写成离不开身后一群人的托举。感谢我的爱人王先生一直以来对我的支持和对家庭责任的分担。感谢我的孩子王子夕、王以森小朋友，每当我牺牲早晚陪伴他们的时间，把自己关在书房或冥思苦想或奋笔疾书的时候，他们都那么乖巧听话。感谢我的团队核心成员协助我完成本书的撰写，他们是我的合伙人斑马老师、私塾导师安安、运营操盘手林小企、视频总监屿鹿。还要感谢我的编辑张国才老师对内容字斟句酌，耐心细致地提出各种建议，我们多次讨论修正，才有了眼前这本书。最后，感谢我的粉丝和读者，没有你们的支持和认可，我也没有动力写完这本书。

每一个个体的成功背后，无一例外，都有很多人在默默付出和托举。如果有一天你取得了某种成就，你最应该做的是去感谢他人，积极地回报这个社会。我深深地体会到这一点，也希望借这本书为他人、为社会带来些许的价值。无论力量大小，总之要去发光，去照亮。与你共勉。

我是厦九九，愿我们无论是经营事业，还是家庭，都长长久久。一起成长、成事、成为自己。

特别感谢以下人员为本书的创作提供了宝贵的意见和建议

名称：语墨
赛道：私域美学
小红书账号：语墨不急
用书建议：公域引流，私域存量，想拥有源源不断的精准流量，厦九九老师这本书必看！

名称：克洛伊
赛道：女性成长
小红书账号：克洛伊。
用书建议：在 2024 年小红书商业红利到来之际，这本书让想入局小红书的人懂内容、懂流量、懂变现！

名称：不二君
赛道：茶文化
小红书账号：不二君问茶
用书建议：翻开此书，小红书商业变现触手可及，只差你勇敢迈出那一步。

名称：萨夏
赛道：母婴 + 自媒体
小红书账号：夏夏聊 IP
用书建议：在流量的存量时代，粥多僧少，要想在商业变现上快速破局，就看这本书！

名称：洁洁
赛道：成长干货
小红书账号：洁洁自媒体
用书建议：我建议，想做小红书的人都来读这本实操指南。

名称：刘佳
赛道：自媒体干货
小红书账号：佳佳 liuliu
用书建议：读懂这本书，在小红书轻松实现低粉高变现，实操不费力！

名称：鹏哥
赛道：装修
小红书账号：鹏哥聊装修
用书建议：这是一本实操指南，读三遍不如跟着干一遍！

名称：Vicky
赛道：英语教育
小红书账号：Vicky 的英语星球
用书建议：任何想入局小红书的创业者，都可以从本书中获得开启全新创收之路的启发。

名称：大婷
赛道：鲜炖滋补养生
小红书账号：大婷御品鲜炖滋补
用书建议：掌握小红书的流量密码，本书助你轻松变现。

名称：文文姐姐
赛道：50 岁再创业
小红书账号：文文姐姐
用书建议：如果说是厦九九的上一本《5 小时吃透小红书》让我走近了小红书，那么她的这本商业版就是让我再入辉煌的法宝。

名称：冬燕
赛道：大健康＋自媒体创业
小红书账号：冬燕创业说
用书建议：有了这本书，50 岁姐姐做自媒体再也不用担心和害怕，照着书里讲的做就行！

名称：艺芳
赛道：生活美学
小红书账号：陈艺芳
用书建议：要想做好小红书商业变现，就找头部知识博主厦九九，读她的这本书。